"公益"资本主义

英美资本主义的终结

〔日〕原 丈人 著

何勤华 魏 敏 译

商务印书馆
The Commercial Press

原丈人
「公益」資本主義
——英米型資本主義の終焉
"KOEKI" SHIHON-SHUGI Eibeigata Shihon-shugi no Shuen
by HARA George
Copyright©2017 HARA George
All rights reserved.
Original Japanese edition published by Bungeishunju Ltd., Japan, in 2017.
Chinese (in simplified character only) translation rights in PRC reserved by The Commercial Press, Ltd., under the license granted by HARA George, Japan arranged with Bungeishunju Ltd., Japan through BARDON CHINESE CREATIVE AGENCY LIMITED, Hong Kong.
根据文艺春秋2017年版译出

作者简介

原 丈人

1952年出生于日本大阪，著名企业家、学者。庆应义塾大学法学院毕业后，立志成为考古学研究者远赴中美洲。随后在斯坦福大学攻读MBA，获得联合国研究资助后又攻读了斯坦福大学工学院研究生。全力经营和培养在信息通信技术领域中创造技术革新的企业，典型的硅谷风险投资人。引领了计算机时代之后新产业的发展，并且将新技术广泛用于对新兴国家的支持，在信息通信、生命科学技术等多个领域中积极发挥作用。进入21世纪后，曾担任驻联合国政府间组织特命全权大使、日本首相顾问委员会特别委员等职。在学术领域，任大阪大学医学院特邀教授，大阪公立大学特别客座教授，香港中文大学医学院名誉教授和工商管理学院客座教授。代表性著作有：《21世纪国富论》《新资本主义》。

译者简介

何勤华

1955年生,上海市人。北京大学法学博士,华东政法大学教授、博士生导师。著有《西方法学史纲》《20世纪日本法学》《中国法学史》《法律文化史谭》等多部作品,主编《法律文明史》(全16卷,参与撰写《法律文明的起源》《宗教法》《中华法系》《大陆法系》),在法学类核心刊物上发表论文180余篇。留学日本东京大学法学部,1992年起享受国务院政府特殊津贴,1999年获"第二届中国十大杰出中青年法学家"称号,2009年获"国家级教学名师"。曾任华东政法大学校长。兼任中华司法研究会副会长、全国外国法制史研究会会长。

魏敏

1979年生,四川省德阳人。日本京都大学法学博士,华东政法大学涉外法治研究院副研究员、华东政法大学东亚法史研究所所长、硕士生导师。在国外期刊发表有:《考满与考察:关于清代文官监督制度的研究》《考成:关于清代文官监督制度的研究》《清代官员的公罪与私罪》等论文(日语),著有《法律文明史 第7卷 中华法系》(合著),译著《权利与冤抑》(合译)、《亚洲法的多元性构造》(合译)、《伊藤博文》(合译)等,另有学术论文翻译十余篇。

译者序

本书的日语原版早在2017年就面世了，是原丈人先生继《21世纪国富论》《新资本主义》等作品之后的又一部力作。

一次很偶然的机会，我有幸和原丈人先生一同进餐，其间谈到了日本近年的改革。我手头正好在翻译几本日本法制近代化的书籍，法律与经济不分家，于是，就此机会向原先生请教了关于日本经济制度改革的相关看法。

当时我还并没有拜读过原先生的作品，只知道他在美国创业，在全球范围投资高科技企业，所以我想他大概是推崇美国制度的。没有想到的是，他的开场白竟然是："我不赞成日本学习美国的资本主义制度。"这多少让我有点意外，虽然这种意见也受到很多日本法制史学者的支持，但我确实没有想到，一个常年居住在美国的日本实业家也持这样的看法。

原先生见我起了兴趣，就开始跟我分享了他所主张的"公益资本主义"的内容和理念，随后还赠送给我了这本《"公益"资本主义——英美资本主义的终结》。乍看"公益资本主义"这个词有些异样，既然是"资本主义"，又如何"公益"？这恐怕是我们大多数人的疑问吧。读完这本书后，我大概明白了原先生提出的这个新概念，或者说其实这不是新概念，在某种意义上，这是对日本传统的一种回归。

自19世纪以来，与我们同样面临西方殖民主义威胁的日本，经历明治维新、延请西方学者帮助编纂法律、法典论争等，首先在全国范围内确立了其以西方法律（尤其是欧洲大陆的法律）为中心的法律体系。"二战"后，又以迅猛的速度以"自由民主"为目标踏入了美国化进程。正如约翰·W.道尔在《拥抱战败：第二次世界大战后的日本》中所总结的一样："它再次从世界舞台上隐退——不是自愿地，而是在胜利者的命令之下；同时也不是孤独地——像佩里进入之前的时代那样，而是被幽闭在了美国征服者那近乎肉欲的拥抱之中。"

1946年2月13日，日本方面收到驻日盟军总司令部（GHQ）民政局起草的宪法草案（也称麦克阿瑟草案），以此为基础，拟制了日本现行宪法之草案，并在此基础上完成了一系列法律制度的民主化改革。可见，美国确实引领了战后日本的民主改革。然而，需要注意的是，由美国所引领的"民主"本身并不完美，其自身还处在发展完善的途中。从人类法律文明的历史来看，它仍然是一种"预设"，是一种表达人类对共同正义的期望。事实上，当苏格拉底接过毒药一饮而尽之时，"民主"正坐在宝座上冷漠地看着自己的"杰作"；也正是基于此，美国国父们在制定立国之本的宪法之时，清楚地意识到预防民主误入歧途的必要性。美国开国元勋麦迪逊就在《联邦党人文集》（第55篇）中说过："即使每一个雅典公民都是苏格拉底，每一次雅典公民大会都仍然是一群暴徒。"

虽然英美所倡导的民主制度还在人类社会处于实验阶段，但却已经被投放到市场并被高高地安放到了神坛。世界似乎都是要走向以英美为代表的民主制度，这似乎成了人类社会下一个统一的归宿。但是，客观存在的多元化注定了"民主"之路的各不相同。世界各国、各地区、各部落都在努力实践着自己的发展模式。这些模式与本国的历史、文化土壤紧密相连，在接受民主理念的同时，基于自身的传统和特征，发展出各式各样的形态。20世纪兴盛的全球化为我们开辟了了解多元化世界的途径，而接下来的21世纪则需要我们运用这些见识基于自己的历史、文化土壤发展自己特色的制度。原先生的著作正是对这一问题的有益尝试，通过对现有英美资本主义的反思，原先生提炼出了独具日本特色的"公益资本主义"理念。

"公益资本主义"这个词汇本身虽然是现代社会的概念，但其思想根源却并非来自于现代西方国家，而是来自于日本传统社会。在"公益资本主义"的预设下，企业要实现的不仅仅是股东自身的利益，而是所有"伙伴成员"（company）的利益。正如原丈人先生在书中阐述的一样，这体现了日本江户时代的商人经：卖家、买家和社会三者利益的共同达成。如何理解这种利益的共同达成？如果仅仅从字面上去理解，将这里的企业等同一种"公益"组织，认为其要实现的仅仅是"公益"，则有所偏颇。利益的共同达成（"公益"）的最终目的仍然还是企业自身的发展，不过要注意的是其内涵并不仅止步于所有权人财富的增加。

在此,笔者将作为日本法制史研究对象的婚姻家庭制度(日语一般称"家族法")进行一个解释说明或许更有助于我们理解这个问题。不同于传统中国的"家"更重视自然属性——血缘的传承,传统日本强调"家"的社会属性——"家名"(家业)的传承。反映在法律制度上,则是唐律中规定的"异姓不养"(非同血缘者不可继嗣),虽然日本在学习唐律的时候将其嵌入了自己的法典,但很快,武家崛起后出现的大量异姓养子的社会现实使这一条规定成为废文。在日本,传承"家业"超越了血缘的延续。在这个意义上,日本的"家"可以被看作是一个具有法人性质的集体,其所有成员都集结于这个集体之下,家长也不例外。而家业更不是家长个人的财产,正如商人的家训中所说:作为家长,要明确自己是"祖先的管家",只是暂时的家业管理者。

也正是由此,日本传统社会的家长是一种"任期制"(与此相对,传统中国规定父亲死亡才发生继承,可以说是一种"终身制"),日本明治民法第964条规定的家长(日本称为"家督")继承发生的原因中,就明确列举了"隐居"(即生前退让出家长职位）这一制度。家长因疾病或年老而无法胜任是"隐居"发生的最常见原因，其目的就是为了"家"（非血缘）的延续，而非我们所说的香火（血缘）的延续。日本的异姓养子、寡妇养子等诸多制度的发展，也都是这一理念在法律层面上所引起的层层涟漪。从这个意义上说，日本的"家"带有强烈的"公"的色彩，为了"家"的存续，甚至可以牺牲血缘的专属性，为了其发展，"家"甚至可以由有能力的（无血缘关系的）异姓男子继承。这应该是传统中国的"家"与日本的"家"最大的差异了吧。

现代日本经历了法律的近代化以后，虽然确立了法人、企业和公司等现代法律概念，但商人（日语称"町人"）文化仍然得以传承。由此，比起企业的自然属性而言，企业的社会属性更加得到重视；比起作为一个或某几个股东的私有财产的增加，更重要的是以企业之名发展。而原先生在本著作中所阐述的"公益资本主义"从某种意义上来说就是要求市场上各个企业如同在社会上的"家"一样，重视其最大的社会属性，达成一种超越单纯股东利益（自然属性）的企业自身（家业）的发展，在企业财富增加的前提下实现社会财富增加，从而达成"公益"之目的。从这个意义上来看，这不是对英美商业文化的推崇，而是对日本传统商人文化的一种回归。

由此，这本书虽然是一部反思日本现代经济制度的著作，但其引起我们深思的却不仅仅限于经济领域，在法律制度与文化方面，也给予我们莫大的启示。

本书翻译的主要工作是由魏敏副教授承担的。本书的翻译出版，也得到了我的博士研究生徐菲女士的全力支持和帮助。商务印书馆的领导顾青执行董事和责任编辑高媛博士也为此书的出版付出了艰辛的劳动。在此，一并表示我的诚挚谢意。

何勤华
华东政法大学
法律文明史研究院
2022年2月22日

目 录

序 /1

第一章 全球化的终结 /7
全球化导致贫富差距和恐怖活动加剧 /7
340亿日元的员工薪资削减和200亿日元的奖金 /9
为了股价裁员 /11
股东资本主义:"公司属于股东" /12
为了净资产收益率而缩减资产 /13
加剧贫富差距的零和博弈 /15
十多年以前就已有定论的股东资本主义的归宿 /17
金融本来的作用 /18
看得见的金融 /20
上市时股价低更好 /22
世界经济怎么了? /24
21世纪是非洲的舞台 /26

英语支配的终结 / 28
自动翻译机的时代 / 30
20世纪型全球化的终结 / 32
英国脱欧和英美式金融资本主义的终结 / 33
什么是公益资本主义？ / 35
将日本发展为新资本主义的典范 / 38

第二章　毁灭日本和世界的股东资本主义 / 40
阻碍公益资本主义的制度 / 40
实现GDP 600兆亿日元的目标 / 41
真正的发展战略 / 42
股票和土地的增值无法让国民富足 / 43
对投机者进行利益诱导的"改革"和
"规制缓和" / 46
股价优先导致的财务报表粉饰 / 48
对股东阿谀奉承的公司 / 50
股东优先的公司管理 / 53
助长做假账的美国式公司治理 / 57
重视季度决算而导致的做假账 / 59
独立董事是"公司治理的守门人"？ / 61
日本企业中的独立董事 / 63

追求短时间内成效	/ 65
股票上市导致的资金流失	/ 68
股票持有的短期化	/ 70
排斥长期投资的美国企业	/ 71
放弃创新投资,转向企业并购	/ 74
会计标准的不同导致股价的变化:"暖帘价"的处理	/ 76
商学院所教导的股东资本主义	/ 78
公司到底是谁的?	/ 81
金融资本主义在全球蔓延的原因	/ 83
"不劳而获"并不会幸福	/ 84
市场万能主义摧毁健全的市场	/ 85
股票市场已经不是筹集资金的市场	/ 87
市价会计和资产减值会计的错误	/ 88
内部留存收益是公司的生命线	/ 91
阻止对冲基金和激进投资者	/ 93
磁悬浮无法在美国开发	/ 94

第三章 美国模式的瓶颈 / 98
一切都从铁道开始	/ 98
铁道模型"充栋"	/ 99

继承父亲的自立 / 102
"站在经营管理者一方还是劳动者一方？" / 105
铁道告诉我们世界的广阔 / 107
遇见金字塔，从铁路到考古学 / 109
最早的经营活动：中美旅行企划 / 111
为了筹集考古学资金前往美国 / 113
从考古学到风险投资 / 115
来自迪士尼的礼物 / 117
遗迹发掘和风险投资的共通点 / 120
风险投资的存在意义：创造新的事物 / 122
里根政权下兴起的股东资本主义 / 124
真正的风险投资在硅谷中消失 / 126
取代美国式股东资本主义的新型资本主义 / 128

第四章　何谓公益资本主义 / 130

重视卖家、买家和社会三者利益的
　日本型经营 / 131
公益资本主义的"三支箭" / 133
企业价值的三个新指标 / 135
什么是具有创造性、幸福感和灵活性的企业？ / 139
"金融"的新定义 / 141

不同于欧美型经济和中国型经济的第三条道路 / 143
活用富足的日本个人资产 / 145
日本今后的制造业 / 148
以投资减税促进日本的技术开发 / 149

第五章　公益资本主义的十二个要点　/ 151
制定实现公益资本主义的规则 / 151
规则1："公司的公器性质"和"经营者
　责任"的明确化 / 152
规则2：中长期股东的优待 / 153
规则3：排除"一时股东" / 154
规则4：根据持股期改变税率 / 157
规则5：废除股票期权 / 159
规则6：对新技术、新产业投资的税金扣除 / 160
规则7：与股东优待同等程度支付员工奖金 / 161
规则8：以ROC取代ROE作为企业价值新标准 / 162
规则9：废除季度决算 / 165
规则10：废除独立董事制度 / 167
规则11：审视市价会计原则和资产减值会计 / 168
规则12：始于日本的新经济指标 / 169

第六章　公益资本主义的实践：成为制造业的天堂　/ 172

基干产业随时代变迁　/ 173
尖端医疗"国家战略特区"　/ 176
救助全世界的疑难病症患者　/ 180
尖端医疗国家战略特区带来莫大的经济效果　/ 182

第七章　会谈：如何实现 GDP 600 兆日元　/ 185

"日本式经营"为时代所抛弃？　/ 186
倡导 ROE 的"伊藤报告"之弊病　/ 188
股东资本主义就是帝国主义　/ 191
公益资本主义的潮流已经开始　/ 193
日本目标锁定"制造天堂"　/ 194
政府的作用　/ 197
GDP 600 兆日元和调整贫富差距的同时实现　/ 202

结语　/ 204

序

本书题目为"'公益'资本主义",我认为应当树立"公益资本主义"这一全新的形式以取代当下席卷世界的"股东资本主义"。公益资本主义的具体内容会在文中详细介绍,不过,我先谈谈最近经历的与公益资本主义和股东资本主义相关的一则趣闻。

前些日子我应邀去美国摩根士丹利的高层(董事总经理)爱德华·麦克纳梅(Edward McNamee)家做客,这是我第一次去他家,用餐结束后我们兴致不减,秉烛夜谈,结果只能留宿在他家中。而我们讨论的主题就是公益资本主义和股东资本主义。当然,摩根士丹利的高层代表的是华尔街的立场,与我的立场截然相反。

但在我们深谈后,他表示理解了我的想法,承认"为了华尔街的繁荣,应该转向公益资本主义",甚至说:"今后摩根士丹利可以出具推进公益资本主义的意见书"，并且委托我下次去纽约时到摩根士丹利总部演讲。

杜邦的首席执行官（CEO）和一位麦肯锡的管理层人士也是支持中长期投资的重要企业家，是公益资本主义有力的支持者。而且，除了实业界的人士外，获得诺贝尔经济学奖的哥伦比亚大学的斯蒂格利茨（Joseph Eugene Stiglitz）教授、纽约市立大学的克鲁格曼（Paul Robin Krugman）教授也对公益资本主义式的思考方式产生了共鸣，主张"为调整贫富差距而对富裕阶层增税"。两位教授曾来日本劝说安倍晋三首相延缓增加消费税。

"公益"二字或许容易让人产生一种错觉，似乎讲"公益"与追求利益之间相互对立。其实不然，相反地，增加利益正是最重要的前提。所谓的"公益"指的是分配给公司各个成员（股东、员工、客户、顾客，进而地域社会、地球）的利益的总和。作为社会"公器"的公司，以正确的方法尽可能地获取利益，以恰当的立场公平分配利益，这就是公益资本主义。为了长期持续地给成员分配利益，中长期的经营必然不可或缺。

日本的经济在很长一段时间处于停滞状态，世界经济也不断面临危机。针对这种状况，日本和各国政府虽然实施了相应的金融政策和刺激经济政策，但作为对策，这些措施仍然不够充分。我认为必须改变对资本主义、金融市场和企业经营的认知，改革相关制度。乍看上去这似乎有些迂回，但对资本主义的认知和相关规则的改变才真正地与成长战略衔接，才是实现GDP 600兆日元的近道。

一言以蔽之，"公司属于股东"这一想法（我将其定义为"股东资本主义"）本身，是当下经济危机的原因。如果"公司属于股东"这一逻辑正确的话，公司的目的只是为了让股东获取利益，那员工和顾客的利益就会被忽略。获取同样金额的利益，短期的获利更容易吸引股东。比起花10年获取100亿的利益而言，1年获取同样的利益对于股东来说更具有吸引力。

由此，有必要将企业从股东资本主义的束缚中解放出来，让企业释放其本来的力量，彻底改革面向短期投资家和投机人士的现有制度。总的说来，改革集中在以下七个方面，即税制、会计标准、企业管理和法令遵守、企业价值标准、规制缓和、金融证券制度、公司法。

而且，鼓励从事中长期事业的公司，日本如果在这方面确立自己的规则，不但能提高国内公司的活力和竞争力，在美国或其他国家打算从事中长期开发和经营却被股东资本主义阻挠的企业和打算支持这些公司的资金，也会一举投向日本。

在当下的日本可以看到这样一种风潮：他们高举股东资本主义大旗以"改革派"的姿态，宣称要用"美国式的经营方式"冲破闭塞。但这种风潮盛行的结果只会导致日本和世界经济的崩溃——我希望通过本书能让更多的读者理解这一点。

那么，应该采取怎样的对策呢？具体的方案，我希望和读者们一起去思考。这本书好比是一个软件，一个用户界面。各个具体的运用程序需要大家一起来创造。只要能与公益资本主义的理念产生共鸣，其应用和实践因人而异。读者们如果能通过本书理解我们应该发展的方向，本书能为大家提供一些参考范式，那本书就达成了本来的目的。衷心希望公益资本主义的运用不仅仅能为经营管理者和商业人士提供参考，也能为政治家、官僚、当权人士提供新的视角，将其活用在国家和地方的发展上。

如今，公益资本主义的支持者在政界、官界和商界中正在急速地增加。

在2016年12月5日召开的参议院"跨太平洋伙伴关系协定（TPP）等特别委员会"上，自民党的二之汤武史议员有如下发言："我想提议公益资本主义这一日本式资本主义。（中略）公益资本主义概念由以下三大基干构成，即将利益不局限于股东而在包含员工、客户和地域的社会整体中分配，中长期的投资，坚定的企业家精神。"安倍首相就此回答道："公益资本主义是原丈人先生所倡导的理念，（中略）我认为该主张非常有吸引力。（中略）如果仅仅是以拥有或者变动股票来获取利益，如此积累利益的社会必然会扭曲变形，而当社会无法承受这种扭曲的时候，就会产生为寻求巨大变革的混乱。"

我个人不仅提倡公益资本主义、说服周围的人理解公益资本主义，而且在自己参与的公司中也实践着这一思想。设立贯彻公益资本主义理念的企业，在股东资本主义盛行的市场中致力于创造出比基于股东资本主义的公司更为优秀的经营成果。因为，无论怎样从语言和笔头上去强调主张的正确性，如果没有在实践中去证实，是无法说服股东资本主义的信仰者的。不断实践，积累实例尤为重要。

本书所述可能会被认为是一种梦想。那么，要实现这个梦想应该怎么做？一般而言有两个方法：其一，在顺应现有体制和环境的前提下，巧妙地运用其框架，在既有现实的前提下去逐渐推进；其二，批判现有体制和环境，挑战现有规则对其进行改变，在新规则基础上构筑全新的世界。

相较而言，前一个方法远远比第二个方法更容易。虽然第二个方法更为困难，但于笔者而言更具有吸引力。我确信日本一定可以在世界范围内率先确立新标准。

第一章　全球化的终结

全球化导致贫富差距和恐怖活动加剧

所谓的"全球化"其实并不美好，其只不过是美国等大国为了将自己的文化、语言和商业习惯等强加于他国的借口。因此，每当听到"不能错过全球化的浪潮""日本企业也应该学习英式和美式的经营"这种言论时，总会有想阻止的冲动，我认为在"全球化"的美名之下是无法客观看待世界和日本正在发生的各种事实的。

从1936年到80年代初，美国主要企业CEO的年收入增长大约为100万美元。但是，从80年代中期开始突然急速增加，到2008年金融危机之前，已经达到1400万美金。另一方面，并不太为大众所知晓的是，美国30—39岁男性的年收入中位数从1974年到2004年之间下降了12%。平均值虽然在上升，但中位数却在下降，这意味着差距的加剧。GDP增长了，国家经济成长了，财富加速集中在了富裕阶层的手中，因此，中间阶层以下的人们的收入持续减少。

CEO的收入日益增加，而一般员工的收入却在下降，甚至失业。这是英美发起的全球化和金融自由化所带来的现实。

差距的进一步加剧并不是美国独有的问题。

2017年1月，乐施会（Oxfam）发表的报告书中指出："全球最富裕的8个人所拥有的财富，相当于相对贫穷的、世界一半人口的财富总和。"即8人拥有资产合计达到4260亿美元，相当于世界总人口（73亿5000万人）的一半人口的总资产。另外，1998年到2001年期间，最底端的10%的人的收入年平均增长低于3美元，而处在最顶端的1%的人的财富增长达到182倍。

这种巨大的贫富差距滋生不满，而不满就是纷争的种子，世界由此处于动荡不安之中。日本也面临着日渐加剧的差距，儿童贫困问题也日益严重。

并且，世界范围内频发的恐怖事件的背后，也布满了贫富差距的问题。在中东和非洲激进派组织势力扩大的重要原因就在于其国内资源虽然丰富，但国民整体的收入所得很低，贫富差距巨大。比起找一份正经工作奋斗而言，激进派组织给出的薪资更高。对于认真工作一天只能挣到200日元的尼日利亚贫民阶层的年轻人来说，伊斯兰激进派博科哈拉姆（Boko Haram）所承诺的一天2500日元的报酬显然更加诱人。无论是空袭或地面攻击IS（Islamic State，"伊斯兰国"组织），即便压制了其据点，如果不解决贫富差距和民众的不满，问题就无法得到根本的解决。

如果有人问我"从根本上解决地球上的贫困和纷争的方法是什么？"我将回答："在世界范围内推广公益资本主义，增加受教育的中间层阶级是根本的解决方法。"

340亿日元的员工薪资削减和200亿日元的奖金

2008年，美国的航空大型企业接二连三陷入了经营危机。先是美国联合航空公司、达美航空公司，接着是美国航空公司。处于困境的美国航空的经营管理层以削减员工工资开支340亿日元来化解这场危机。对于员工而言，公司如果倒闭了自己也会失业，曾经航线遍布全世界的泛美航空公司就是一个例子，因此接受经营管理层的这一要求，也是不得不作出的牺牲。

多亏了大幅度地削减员工工资开支，美国航空成功地从危机中脱逃出来。而经营管理层因为这一功绩获得了200亿日元的奖金。因为其成功地从裁员的危机中重振了经营，获得了股东们的赞许。

对此，美国航空公司的客舱乘务员组成的工会组织批判经营管理层"贪得无厌"，而经营管理层回应说："我们公司的经营报酬，和包括航空公司的其他美国企业一样，是基于市场决定的。其构造兼顾了股东和经营管理层的长远利害关系。"在公司，最为重视的是股东和经营管理层的利害关系，即便是削减员工的工资，但由此使得企业价值增长，经营管理层的行为也好，奖金也好，都可以由此获得正当性。

这个小故事正说明了：认为"公司就是股东和经营管理层的"这一股东资本主义如此与现实相背

离，又如此本末倒置。

为了股价裁员

再来看另外一个例子。下文引用的是2015年7月19日路透社的电文。"英国《泰晤士报》19日报道了英国大型银行巴克莱（BARC.L）计划在两年内裁员3万人以上。该银行在本月还发布了经营管理层CEO安东尼·詹金斯（Antony Jenkins）的卸任消息。根据《泰晤士报》的报道，由于裁员，到2017年底，该银行的员工人数可能会下降到10万人以下。其裁员很可能是以中台部门和后台部门为中心展开。就此，熟悉巴克莱的相关人士认为，裁员是应对表现不佳问题而将股价升至两倍的唯一方案。"

问题不仅仅在于减少工资支出。这里的逻辑是：提升股价才是衡量经营妥善与否的标准，为了达成这个目的，裁员也是正确的。而这，才是问题的所在。之后，巴克莱银行反复裁员，经营管理层依然获取了高额的奖金。

每年在瑞士的度假胜地达沃斯都会召开"世界经济论坛"年会，即"达沃斯论坛"。在前年夏天的达沃斯论坛上，巴克莱银行的副主席刚好坐在我旁边，我批判其为了提高股价而裁员的做法太过分，他直接反问我："哪里过分了？"在美国和英国，这种不可理喻的事已经被大家习以为常。即便是诘问负责经营管理的精英人士，其反应也就是"这不是当然的吗？"而当我说出我的这种想法时，对方则会回应："你是共产主义者啊！"

股东资本主义："公司属于股东"

被削减工资和被解雇的员工心里会很愤怒，但是如果自己是经营管理者的话可能也会做同样的决定。因为本来在英美企业生态系统就是如此，作为制度和人们的习惯已经固定化。顺便说说，这里的"生态系统"一词原本是生物学上的用词，现在被运用到经济领域。

在日本，大多数在外资企业担任高层的人或财经界的人听到这个事情也不会觉得奇怪，他们大多也是持有"公司属于股东"这一想法。我将此称为"股东资本主义"。

如果是为了股东而经营公司的话，那公司的经营目的也就只能是提升股价，因为提升股价能将股东的利益短期内最大化。

为了净资产收益率而缩减资产

现在对于企业价值的估算都是计算其"市场资本总额"。公开发行股票的公司的市场资本总额是"股价×已经发行了的股票数"，因此为了提高"市场资本总额"就需要提升股价。而且，现在左右股价的是"净资产收益率"（下文称ROE）这一指标。这一指标计算的是"使用多少资本金提升了多少净收入"，但是，这一指标自身有很大问题。

ROE是收益对资本的比率，以"当时的净收入"为分子，将"资产"作为分母进行计算。比如说，100万日元的资产下产生了10万日元的盈利，那么ROE就为10%。

如果是正当的经营者，应该是努力增加净收入使得分子变大，提高ROE的数值。但是，商学院会告诉我们：如果要得出同样的数值，比起将分子（净收入）增加的方法，降低分母（资产）的方法更为简单。

拿刚才的例子来说，如果资产降低为10万日元的话，同样是10万日元的净收入，ROE就变为100%。也就是说，作为分母的资产值越小，ROE就越大。

于是，虽然经营管理者本来应该以增加公司资产为任务，但贪图利益的经营者会为了提高ROE而缩减公司的资本，比如说削减人工成本和技术开发投资。甚而有经营者采取将员工和工厂打包转卖这一粗暴的办法。

将ROE奉为圭臬，以此来评价企业价值的话，则需要大量时间和资金投入的研发项目就会成为企业价值的累赘。因为十年以后或许畅销的产品，对于股东来说并不能成为眼下或者即将发生的利益。

像ROE这种指标，对于进行中长期研究开发的企业、基于制造精神的制造业和有必要保有一定库存率的物流业而言，并不能成为正确衡量企业收益能力的标尺。

被ROE所束缚，不再从事从零开始研发的企业，其经营只能变质为重视企业并购。股东所寻求的是将用于研发和保留盈余的利益都用于分红。如此，产业界整体投入研发的资金和机会就会减少，新技术和产业的诞生就会愈加困难，而这，就是"股东资本主义"的归宿。

加剧贫富差距的零和博弈

不仅仅是美国和英国，日本现在也在被股东资本主义所侵蚀。股东资本主义正是造成日本经济和世界经济停滞的元凶。

并且，融合了股东资本主义和认为"委于市场的自然运行即可"的市场万能主义这两种思想的"金融资本主义"正在支配着世界经济。金融资本主义就是没落了的股东资本主义。

金融业本来应该发挥的作用是提供事业资金，以支持制造业和服务业的发展。但是现在，"金钱本身成为商品"，"以钱生钱的构造设定"使得决定胜负的投机金融成了主流，产生了认为钱能生钱这一错觉的投机世界。而投机势必会产生泡沫，最终会迎来泡沫破灭。

"金融资本主义"是怎样一个世界呢？比如说，一百个人每人持有1万日元，和旁边的人玩猜拳，规定赢了的人从对方获得这1万日元，不断重复，最后分出拿到100万日元的一个胜利者和身无分文的99个人。无论游戏之前还是游戏之后，金钱的总额都是100万日元，没有产生任何新的价值和财富。如同赌博一样，这就是所谓的零和博弈。胜利者成为富豪，其他人都输掉成为贫困阶层，中间阶层消失掉了。这是现在世界的样子。

如果规则如此，参加人员都平等的话还不算糟糕。但从一开始就有持有100万日元的参加者，其势必成为胜利方将其他人的金钱全部席卷而去，这才是世界的现实。虽然，我们将只追求短期利益的对冲基金和风险投资家称为"跟风者"，但是在股市中他们的存在感日益强烈，财富日益集中到一些跟风的金融投资家手中。

但是，如同没有"无中生有"的炼金术一样，也没有可以"让钱生钱"的炼金术。

有一些对冲基金是募集大量的小份基金而形成一个大基金，而这些资金大多来源于一般老百姓。结果，现实中我们可以看到，对冲基金用老百姓的钱来进行基金的运营并且牟利，而老百姓的财产在这个过程中被损耗。

如今，因将次级抵押贷款证券化的商品而蒙受损失的是中产阶级和更为下层的人士，因无法偿还贷款而被赶出住所的也是这些人。这就是零和博弈的结果，因为资本主义最终只能带来贫富的差距。

十多年以前就已有定论的股东资本主义的归宿

根据1976年美国的统计，高收入层的1%的收入总和占了全国总收入的9%，而到2011年，这个比例升到20%。如果以聚集了流动资金的股票来比较的话，这个比例会更高。

我在2003年3月6日《读卖新闻》的"论点"栏中以"公司究竟是谁的？"为题发表了自己的看法："美国的资本主义甚至有可能毁掉所有对社会有用的公司。其原因就在于构成公司治理核心部分的'公司属于股东'这一想法的错误。"当时我就对美国式资本主义的过度普及敲响了警钟。但遗憾的是，事态如预想般发展了，2007年的次债危机引发了第二年的雷曼危机和全球同时爆发的股市回落。

在这场发自美国的世界金融危机中，日本也受到很大的危害，人们都因此陷入大恐慌而疲于应付。但这是预料中的事。我从20世纪70年代初开始定居美国，对于急速加剧的贫富差距、金钱游戏在不断恶化的社会中引发的事实有过深切感受。如果放任不管的话，股东资本主义和金融资本主义会毁灭日本乃至世界。

世界经济危机一如既往地没有结束的苗头，日本国内也毫不景气，所有这些都源自于"公司属于股东"这一想法。

在14年前那篇《读卖新闻》稿子的末尾，我做过以下总结，我今天仍然坚持这一观点："日本企业没有必要不加辨析地将美国的做法直接拿来用，也没有必要被美国标准所左右。我们可以只吸收其精粹，改正其有害于世界未来的部分，创造出超越美国系统的制度。即使出现挫败，也不要将追求市场资本总额最大化作为企业目标，也不要将ROE等手段错误地当作目的而仅仅追求数值。对于企业究竟属于谁、为何而存在的这类的问题，应该回归到其根本层面思考。"

金融本来的作用

无论是金融还是资本主义，其存在的价值在哪里？究其根本，都是为了让世界上的人们富足地生活。当然，金融也好资本主义也好，要想富足，本人的努力也是最重要的。但是像现在这种机会并不均等的社会构造、努力也得不到回报的经济制度，对于社会整体来说是得不偿失的。金融和其他所有的产业一样，是让人们和平而富足地生活的工具；不过，金融和其他产业相同又不同，它的作用在于居间联系。金融将个人储存的金钱和企业暂时不使用、剩余的金钱汇集起来，提供给需要使用的人，其所从事的是居间联系借出方和借入方双方的工作。

也就是说，收取少量的手续费为借入方安全地提供资金是金融机构的使命，金融业不应该以提高自身企业价值和股价为第一目标。无论是银行还是证券公司，本来都应该如此。但是，不知从何时起，以美国为中心，金融业自身将自己股东的利益置于最优先地位的误解被日渐推广。结果，金融本身成了商品。

究其原因，如果只收取少量手续费的话就没法赚钱，公司亦无法扩张，于是将筹集来的资金投入市场，以投机的方式去运作，如同赌博一样。由此，赌赢的就成为高端的银行，赌输的话银行就破产，这成了一种常态。本来应该信守安全的金融机构将自己深陷在这种如火如荼的危险世界中。

"股东资本主义"走向"投机的金融资本主义",因为这一极端的零和博弈,世界的中间阶层骤减,贫困阶层激增,只有一小撮人成了超富裕阶层。

看得见的金融

需要强调的是,我否定的是将不从事生产制造的金融作为主角的"金融资本主义",而不是否定金融本身在社会上的作用。金融对于从事生产制造的企业来说是不可或缺的,对于长期、中期和短期投资或投机的平衡也是必不可少的。

那么,金融本来的作用和本来的样子应该是什么?

2006年诺贝尔和平奖颁给了孟加拉国的格莱珉银行和其创始人穆罕默德·尤努斯博士。格莱珉银行向社会上的贫苦阶层提供无担保小额融资的"小额贷款"(Microcredit)。在无担保的条件下实现了98%的偿还率,是因为设置了由两三人至二十人规模的互助团体相互负责的制度。如果用美国商学院的思考方式来考虑的话，小额贷款因为会增加回收费用，所以会认为其不符合经济原理而不加以适用。

以支持农村地方为目的而开始的小额贷款也在向都市发展。形成包含小额存款、小额汇款的"小额财政"。在孟加拉国，有超过70个团体正在从事这一事业，而超过2400万人使用了这一制度，享受了该制度带来的便利。联盟论坛基金会（Alliance-Forum Foundation）从2009年开始和尤努斯博士共同开设了小额财政专业培养项目，已经培养了大约200名习得者。

比起现有的信用评级这种机械性方式来说，这样一种灵活运用信用构造网的财政结构显然更加值得推崇。之所以其在亚洲和非洲急速得到推广，是因为它在提高贫困阶层生活水平方面发挥了重大作用。

发达国家的金融机构以金钱游戏带偏世界经济的时候，小额财政正在实践"看得见的金融"。引发世界金融危机的次级抵押贷款是将面向偿还能力低下的人们住房贷款债券化，然后将该债券和其他债券组合而成的复杂的金融商品。小额财政虽然没有设定担保，但其以互助团体的"看得见的关系"为基础。与之相对，次级抵押贷款中完全不存在"看得见的关系"。原本高风险的债券不知何时被作为"低风险的优良债券"被卖掉，从这一点来说类似诈骗。不同的是，小额财政所展示的正是将借出方和借入方双方连接起来的金融本来的面貌。

上市时股价低更好

"Fortify"的意思是"要塞"，我在2000年创办了"Fortinet"这家网络安全公司。现在这家公司是该领域全球最大的公司。我原本对于上市就持谨慎态度，因为创始人提出上市的意见，所以就同意了，公司于2009年在纳斯达克上市。主要负责的证券公司也遵从大家的意见委托了某著名投资银行进行。在这个公司的经营方面，我认为在没有获得外部资金的上市之前，非常有必要尽量确保企业留存收益。不过，投资银行的负责人却说："持有这么多资产的话，上市时股价会变低，大约才10美金。如果巧妙操作就可以合法地将价格抬高到25美金到30美金左右"，"要提高股价需要增加ROE值，因此就应该减少企业留存的现金额"。

第一章　全球化的终结

虽然普遍的观点认为上市时的股价越高越好，但我认为上市时股价低一点好。

"Fortinet"的创始人和CFO（财务总监）也就提高初始股价的事来找我商谈。在我不停地反对这一提案的过程中，转眼2008年就爆发了雷曼危机。听从了投资银行和证券公司劝说的"现金什么的不需要，需要的话我们可以给你们融资"的公司纷纷走向了失败，因为公司里没有现金，而投资银行和证券公司没能履行承诺筹集到资金。我们的公司存活下来了，因为我们一直保留了现金。

投资银行的负责人在金融危机后来到公司，并对我说："你们的公司非常优秀"，虽然就在之前他还拙劣地批评我们应该"听从我们顾问的意见，压缩资产"。对此，我讽刺地回应他说："非常感谢！就是因为你们给我们提供了宝贵的意见，我们才能度过这次危机。"对方表示不明白什么意思，所以我告诉他："啊？你没有明白我的意思啊！你被解聘了。"我当场解除了和投资银行的合同，与三个银行合作上市。因为刚爆发了金融危机，每个公司都持有一种谨慎心态，但我确信"Fortinet"一定会有长足的发展。因为我知道今后网络攻击频繁发生，安全方面会越来越为人们所重视。

上市时我向三个银行给出的指示是:"计算股价的最低值",当时在场的人以为自己听错了,因为一般情况下,大家的目标都是最高股价,从来没有听说过有人要求最低股价。但是,我认为,比起人为地抬高股价,从开始就尽量压低股价更好。因为我相信只要业绩提升,股价自然会随之上涨。而人为抬高的股价势必会跌,并且会将经营引入歧途。从低股价开始,配合公司的成长提高股价的做法,其资金流转的方式和进入的方式对于企业来说都是健康和妥善的。并且,这样的话,不仅仅对以投机为目的的股东,对从创业时就持股的原始股东来说都是合算的。顺便说一下,现在"Fortinet"的股价已经是上市时的6倍。

世界经济怎么了?

雷曼危机之后,相当于美国中央银行的联邦储备委员会(FRB)将资产增加到3倍以上。大量买进的除了长期国债以外,还有公司债券、商业票据和房地产抵押贷款证券(MBS)等。总的来看,大部分都是在内容不明的情形下就被转化为证券，即所谓的"垃圾债券"。大量买进这种证券，将金钱分散投入股市中，其目的应该是以通货膨胀来恢复经济景气，同时救助不良资产。

欧洲中央银行（ECB）也在大量买入国债和房地产抵押贷款证券。虽然没有联邦储备委员会势头猛烈，但是在2012年这个时间点上，其资产与5年前相比，超过了2.5倍。

日本又如何呢？在2012年安倍第二次上台后，日银的方针一直都持续着一种"量的"缓和，以前所未见的数量和速度购买了国债等债券。但是，大量的金钱被供给到市场所引发的只是新的金钱游戏。对于投机者来说，安倍经济学也仅仅只是牟取短期利益的工具。实际上，对于他们来说，比起经济长期稳定地发展，股票和外汇市场短期的忽高忽低变动更有利于他们积累财富。

也就是说，仅仅靠金融政策的话，只有部分人可以获得利益，而且该利益产生在大多数国民利益损失的基础之上。

在2016年9月认识到该对策并没有达到恢复经济这一效果之前，日银一直采取着和FRB及ECB相同的政策。而真正的经济成长是勤劳工作的全体人员实际工资的增长,是由此产生的消费的增加。为此,我们必须要创造出新的有魅力的产业,仅仅靠金融政策是不能成功的。

21世纪是非洲的舞台

"美国式资本主义""美国式民主主义"和英语,是所谓的"全球化的三大神器"。以美国为首的欧美各国,在全世界范围内普及和推广这三者。国家和国家之间的合约如此,TPP(跨太平洋伙伴关系协定)也是如此。

全球化始于18世纪殖民地主义的时代,由英国、法国、西班牙、葡萄牙、意大利、荷兰和德国等欧洲国家强加给拥有丰富资源和劳动力的非洲和亚洲,并且胁迫说:"你们的文化太落后,所以要使用英语"或"使用德语"或"使用法语"或"使用西班牙语"等。一方面,他们展现出巨大的经济优势使得对方对此充满向往;一方面,如果不听从的话就以军事力量相威胁。到第一次世界大战之前的世界历史就是不断地以这种方式竞相扩张殖民地的过程。

第一次世界大战的获胜方是法国和英国，第二次世界大战的获胜方是美国和苏联，而在冷战后的1990年以后，美国持续保有其唯一获胜者的地位。19世纪和20世纪的全球化的本质就是剥夺世界多样性而将世界一元化。宗主国剥夺了当地的语言和文化，将宗主国的语言、法律和教育制度贴上"先进"的标签而强加给当地。

但是，现在，曾经的发达国家也没有了能使其他国家屈从的军事实力和经济实力，相反，发展中国家正逐渐变得富裕。

21世纪的世界确确实实地发生的是人口的增加。现在的世界人口为73亿，到2050年预计会超过100亿，其中85%是发展中国家的人口。中国的人口增加到2020年，印度到2040年，之后两国都会陷入人口减少的局面。由此，亚洲的人口增长从整体上来看也会处于停止状态。而人口不断增长的就是非洲。因为其大部分基本都是发展中国家，人口增长的90%以上会是贫困阶层。今后，为了开拓未开发的资源和市场，日本、中国、美国和欧洲各国会进驻到每日所得低于100日元的国家。那个时候，如同之前的殖民地时期一样，如果将美国式的资本主义拿去的话，非洲也会出现贫富两极分化。而至今为止的悲惨的历史已经证明了经济的两极分化会导致政治和社会的不稳定。

显然，这些新兴的国家会取代人口日渐减少的发达国家，成为世界的主角。不过，其采取的形式将不同于之前发达国家所采取的，而会以重视亚洲、非洲和拉丁美洲的新兴国家本身所具有的多样性文化这一形式来谋求经济的发展。

英语支配的终结

在殖民主义时期，西班牙和葡萄牙在南美大陆，英国和法国在非洲大陆，将自己国家的语言普及各个角落，其影响至今仍然存在。但是，如今，在非洲54个国家中，重新恢复自己语言的潮流也在日益高涨。如同日本重新倡导方言一样，这些国家开始重新审视由自己民族和部落养成的固有传统、文化和历史。

以维多利亚瀑布闻名的中非的赞比亚在1964年以前是"英属北罗得西亚保护地"，这个国家有70

个以上的部落,有74种语言,但英语是共通的语言。我原本以为(殖民地时期)在留下了方便的共通语言这一点上,还是值得正面肯定的,结果在和赞比亚第一任总统肯尼思·戴维·卡翁达(Kenneth David Kaunda)会面谈到这个问题的时候,他却回答说这是一个"麻烦"。

赞比亚盛产铜矿。从宗主国英国来的工程师教给挖矿工人英语,但他们并不是为了传播自己的技术和文化,而仅仅是为了用英语下命令的时候工人能听懂。所以只教必要的简单用语。如果有聪明的赞比亚人为了学习英国的技术而打算进一步学习英语,一旦被发现了,就会被作为危险分子而送到深山的矿场中去。

即使在欧洲,英国的威尔士和苏格兰,西班牙的加泰罗尼亚、前南斯拉夫各国(黑山、塞尔维亚、克罗地亚、波斯尼亚和黑塞哥维纳、马其顿)等,也呈现着将过去使用过的语言复活的动向,其中一部分和民族独立运动相关。语言是文化的基干,因此许多国家以复活自己国家的语言来追求民族的身份认同。世界的走向不是全球化,我们已经跨入了多样化的时代。

自动翻译机的时代

我在2007年出版的《21世纪国富论》（平凡社）中预见了："今后的十几年将开启和计算机理念不同的通话信息交流（PUC）的时代"，而现今的发展正是如此。在出售家电的商场，到处都在售卖智能手机和平板电脑。而曾经同样辉煌过的电脑店铺却慢慢地萎缩，逐渐被赶到了角落里。

不过，盛极一时的智能手机和平板电脑终端在将来某一天也会走下舞台。这些都是以计算机为代表的电脑技术的衍生，是"以电脑为中心的IT时代"的最后舞台的装饰品。不久后将到来的是"PUC"（Pervasive Ubiquitous Communications）的时代。PUC包含了"使其感受到在使用（pervasive）、在任何地方都存在（ubiquitous）和交流功能"，是全新概念的工具。简单地说，比起重视计算机功能的电脑时代，这个工具更重视的是邮件和社交网络服务（SNS）等交流功能。作为"后电脑时代"的PUC，会从现在的IT企业手中夺去世界主干产业这一宝座。

而且，大约20年内，会出现可以即刻翻译任何语言的、大小和智能手机相差无几的自动翻译机。

如果将其如同现在的智能手机一样普及世界各地的话,外语就不再是一门特殊技能。

到了2040年左右,学语言就会成为一种兴趣了吧,学习外语的人依然存在,不过是因为喜欢学语言、喜欢和外国人对话这些理由而学习,但在对准确性有高度要求的商务活动和国际会议中,则会使用自动翻译机。

所以,对于现在的小孩子来说,没有必要从小学就学习英语。用作为母语的日语认真思考、锻炼表达能力更为重要。"最为重要的是母语"这应该是全世界的共同认知。

作为曾经全世界的通用语言和全球化工具的英语,会逐渐失去其存在的意义,我认为这也是至21世纪中叶为止会发生的大转变之一。

美国式的民主主义也终究会走向尽头。民主主义的缺点在于如果不能展现自我的话就无法表达自己的意见。看看美国总统的选举就能明白,成为候选人的前提条件就必须能说会道,具有极强的自我表现欲。

拥有相应能力、大家众望所归的不能成为候选人,这并不是真正的民主主义。即便是尊重参选人,也需要能选举出选民们期待的候选人的制度。

以前的威尼斯共和国的选举方法，采用了包含复杂构造的民主抽签方式。通过将选举和抽签两种方式的结合能选举出能者，这在数学上是可以证明的。

要改变现有民主主义的缺点，就必须改变政治选举的方法。资本主义也好、民主主义也好，随着时代的变化其形态都发生了改变，接下来需要的是进一步的改良。我现在正在思索一种融合自我推荐和他人推荐的新的选举方式及其名称。

20世纪型全球化的终结

1976年我第一次到中国的时候，作为首都门户的北京首都国际机场甚至没有出入海关审查，因为那时候没有游客。从机场走出来，通往市区的道路还没有铺设好，街灯也还不是电灯而是煤油灯，路上基本上看不见汽车，看见的基本上都是自行车。如今，40年过去了，中国迅速地将其经济实力提升到世界前列，虽然也存在不尽如人意的现象和一些矛盾，但却不能否定中国的成果。从中国的现状中也可以看出，以欧美为中心的全球化并非是绝对的，这一势头并不会永远持续。

虽然现在到处都喧嚷着"21世纪是全球化的时代，不能错过这个浪潮"，但我并不这样认为。我认为全球化不是从今开始，而是已经结束。我之所以做出这个论断是因为我在世界各地进行了仔细观察。虽然我创立了好几个先进技术相关的企业，但我并不是通过这些技术在网络上搜索信息，而是自己到当地用眼睛去看、去确认，因此我较早地捕捉到了世界的变化。

英国脱欧和英美式金融资本主义的终结

在2016年6月的国民投票中，英国选择了脱欧。这一冲击了全世界的事件证明了英国全球化的失败。在国民投票（6月23日）前，我被邀请在意大利热那亚召开的会议上发言。该会议是以意大利当时的总理伦齐为首的政治界和商业界人士参加的重要的经济会议。当时我被问道："英国会脱欧吗？"我当即回答了"会"，并列举了两个理由。其一，英国老百姓的经济情况并不乐观。老百姓单位小时的工资低，且从事这种小时工的人越来越多，人们愈加忐忑不安，担忧来年自己生活的困境。也是在这个背景下，很多人抱怨被蜂拥而来的移民抢走工作机会。其二，领导层想进一步推进全球化。当初英国加入欧盟的原因就是企图将欧盟英国化（邦联化），试图将被翻译为"共通的善"＝"公共的福祉"（commonwealth）这一自己国家的政治概念扩展到欧盟圈。所以，欧盟的母体虽然是1952年创立的欧洲煤钢共同体，但这个时候英国并不能被算作加盟了，因为这是经济的同盟。从欧洲经济共同体（EEC）到欧洲共同体（EC）后的1973年英国才加盟。打算建立政治同盟，将各国的主权统合起来，这个时候的考量是"以英国的主权来设立所有的规则"。

但是，这并没有实现。因为英国太依赖金融资本主义了。国内资金不足，甚至沦落到抬出伊丽莎白女王向中国寻求恩惠的地步。虽然没有怎么在新闻上被报道，但在这之前，英国就召集了伊斯兰各国首脑，特意召开了"世界伊斯兰经济人会议"等，借助了阿拉伯的资金。

国内资金不足就没有办法践行英国的全球化。而领导层又出现不同意见，一部分人认为"脱欧的负面影响十分明显，还是不脱离的好"，而另一部分认为"比起留在不能英国化的欧盟，还不如重新制定强化邦联的大英帝国圈"。如果领导层能够意见统一的话，利用媒体充分诱导舆论，或许英国还不会脱欧，但遗憾的是，领导层分裂成了两个不同的阵营。

因此，我回答说："贯彻金融资本主义而导致的贫困阶层的增加和贫富差距的扩大使得中产阶级消失，民主主义无法发挥其作用。而盎格鲁-撒克逊的全球化的失败分裂了领导层。基于这两个理由，英国必定会脱欧。"而事实也正是如此。

什么是公益资本主义？

回到本章开头介绍的美国航空的例子。因为业绩下滑出现赤字，以致发展到不得不削减员工工资的事态，这个时候的责任首先应该由经营管理层承担，原本应该由经营管理层负责，大幅削减自己的工资，而且，如果没有盈利的话，理所当然也不应该有分红。

但是在股东资本主义之下，却并非如此。经营的目的不是创造业绩，而是提升股价。同时，认股权也确保了其自身的利益。所谓的认股权是指用现在的价格购买自己公司将来股票的权利。在股价低迷的时候运用认股权购买自己公司的股票，之后进行裁员，将"员工的工资"视为"支出"而砍掉。这时，相对利益就会上升，股价由此也会提升。经营管理层趁机将以认股权购得的股票出售。高额的奖金加上卖出股票所得的利益都归入其囊中。如此，经营管理层赚了，股价上升股东也赚了。如果向银行贷款买入自己公司股票的话，股价还会进一步抬高。

这种金钱游戏持续下去的话，其结果只会导致贫富差距进一步扩大。比起员工的幸福和生计，股东和经营管理层的利益优先。这种情形下，员工当然不会再对公司有任何眷恋，对工作也不会再有上进心。

结果，快餐业伪造食品产地、航空公司疏于管理设备、汽车公司伪造数据、电力公司停电等等，这些都是因为员工道德缺失而产生，但是其根本的原因在于企业提高ROE，优先使用认股权就可以赚取股价差价这一经营方针。

第一章 全球化的终结

这就是资本主义的归结,这种忽视员工和顾客的美国企业总归是短命的。

为什么大多数的经济学者都不批判这个问题?因为他们自己就处在股东资本主义的经济体系中,从中获取利益。

"公司是股东的公司"这一错误的想法,使世界和日本的经济停滞、引发金融危机。我们必须从"股东资本主义"这一冒牌资本主义中脱离,重新代之以"新的资本主义"。

我们应该认识到公司不仅仅是股东的。除了员工、顾客和客户这种直接相关的人员以外,还应当将当地社会、国家和地球都作为利害相关者。经营的方针应当以使这些所有的利害相关者都幸福为基础。

要让实体经济活跃的资本主义取代这种金钱游戏的资本主义。要让给予所有人平等的机会从而让社会整体都富足的资本主义取代由一小撮资本家掌握财富的资本主义。

如果在美国我如此主张的话,就会被人认为是共产主义者。在此要强调的是我不是共产主义者,我也不否定金融和资本主义本身。我主张被股价优先和金融金钱游戏歪曲了的资本主义应该回归到它本来的样子。

将日本发展为新资本主义的典范

20世纪之前构建秩序的是欧美（尤其是美国），世界的重心之前也在欧美，但如今世界的重心开始逐渐转向引导21世纪的亚洲、非洲和拉丁美洲。世界上的人们终于开始意识到美国已经堕落，虽然大部分人仍然信奉美国式的股东资本主义。

政府和企业的"改革"热论中也都是以美国为模范。认为"学习美国＝全球化"，一部分企业进行"将英语作为公司内部共通语""将ROE作为经营指标"等落后的、违反经济合理性的讨论。

在此，我提倡：21世纪日本的使命是将日本树立为世界所有国家的国民都想来学习的典范。

正是因为到当地亲眼观察过世界上各个国家，我才有自信说："日本是世界上最好的国家。"世界上几乎所有的国家都处在贫困中，为了保证每天的食物而殚精竭虑，在战乱持续的国家中，单单是要生存下去就很不容易。因此，我希望世界上所有的国家都能成为像日本一样安全和富足的国家。对于世界来说,日本可能成为"北风与太阳"故事中的"太阳"。

当下首先要做的不是政治和安全保障等方面,而是以经济确立典范。在世界范围内经济停滞的现在,还能在一定程度上维持稳定的雇佣、保存大量中间收入阶层,这在全世界范围内只有日本等少数国家做到了。

"公益资本主义"与日本式经营的理念和企业哲学紧密相连。如果日本自己可以脱离股东资本主义,向世界提供一个成功的典范,那日本肯定会成为被世界所需要和肯定的国家。本书就是指引这个方向的路标牌,为了明天的日本和世界的富足而提出具体建议。

第二章　毁灭日本和世界的股东资本主义

阻碍公益资本主义的制度

在前面提到的2003年3月《读卖新闻》"论点"栏目中的文稿中，我写道："美国的资本主义甚至有可能毁掉所有对社会有用的企业"，这绝不是夸大其词。因为，股东资本主义会引发财富的不均分配、无法增加雇佣，而且引发并加剧收入差距。世界被分化为拥有大部分财产的富人和什么都没有的穷人两个极端，社会上的不安和不满已经汇集成龙卷风一般。资本家越来越富有，每天因食物而发愁的贫困阶级却愈加增多。现在世界中的过激组织势力不断扩大、恐怖横行，这也是因为这些矛盾和不满导致的。股东资本主义将会导致世界的毁灭。

与这种股东资本主义截然相反的正是我所主张的公益资本主义。

在公益资本主义理念下，公司是"社会的公器"。公司不仅仅只是股东的，它必须为员工、顾客和客户甚至地方社会、国家和地球做出正面贡献。但是，给股东的分红、公司独立董事的设置、公司治理、市价会计、认股权、股票回购等"先进的"制度正妨碍着企业成为"社会的公器"。

本章将论证美国式股东资本主义的问题在哪里，其又对社会产生了怎样的弊害。

实现GDP 600兆亿日元的目标

我从2013年开始担任内阁府本府参与和经济财政咨问会议的"目标市场经济体系专门调查会"的会长代理。

2015年日本的GDP为532兆日元，安倍首相提出"2020年GDP实现600兆日元"的目标。根据总务省2016年9月的居民家庭收支调查，工薪阶层的实际收入和可支配所得持续增长（虽然只是两个月），储蓄也在增加。尽管如此，经济仍然不景气，这是因为收入的增长没有和消费挂钩。重要的个人消费与上年同月相比，连续13个月持续减少。不增加消费的话，物价必然持续低迷，日银所宣布的物价提升2%的目标也暂时不能实现。

无论怎样缓和金融政策人们也不用钱，无法提升消费。即使是零利率，除了房贷，没有人特意借钱消费。消费无法增加的原因在于工资增长的不充分。如果工资增长，就会解除不安，消费也会相应增加。

实现GDP 600兆日元，让国民富足的方法只有一个，就是提高名义工资。现在国民的年平均工资所得是414万日元，将其提高20%。不过，提高名义工资仅仅是第一步，真正的目标是实际工资的提高。而且，达成这个目标不能依靠物价的回落，否则就失去了其意义，要保证物价上涨情形下实际工资的提高。

真正的发展战略

以股价为优先的话，无论股价涨到多高，一有风吹草动就会立即降下来。事实上,投机者正是在股价忽高忽低的变动中赚钱。所以我对安倍首相表示了我的看法:"金融缓和和负利率都无法有助于经济成长的战略。"

实体经济中的财富从何而来呢?无论是房屋、汽车还是手机,如果达到了人口总数的需求,即使有更换的必要,饱和以后就不再有市场。所以,需要以技术的变革来创造新的产业,培养引领世界经济的基干产业,如果不能创造出大家都需要的新产品和新服务,那就无法产生真正的财富。总之,必须回到"制造"这一原点。

股票和土地的增值无法让国民富足

也有人说,金融缓和使股价提升了。退一百步而言,就算承认这个观点,那么,股价的提升让多少国民获得了实惠?根据2016年6月日银调查统计局的调查,国民的股票持有率仅仅只有9.0%。

我本人也持有股票,但我并没有频繁买卖股票。我连自己公司的股价也不看,报纸的证券栏那一页我都跳过去不看。我曾经遇到过一部分经营管理者认为:"如果越看证券栏股价越涨的话,那可以看,否则就是浪费时间",我很赞同这个看法。

严肃认真的经营管理者认为"关心股价也没有用",对股价一喜一忧的只是一部分的经营管理者和政治家,和大部分国民都没有关系。

受日银2016年开始实行的负利率的影响,房地产的价格上涨,这可以通过之前实行负利率国家的例子而预见。2012年实行负利率的丹麦在3年内价格上涨了16%,2015年实行负利率的瑞典1年内上涨了12%。降低利率负担使得土地和住宅的交易活跃起来。

不过,对于普通老百姓来说,居住的房屋和公寓即使价格上涨,如果不卖出的话也得不到什么好处。对于国民来说这不过是"账外浮余资产的增加"而已。而且资产价格和泡沫一样不可能长久持续,会上下浮动。能够卖房地产的仅仅限于那些拥有其他住房的人。卖出的房地产的价格高涨时,相应地,买入的价格也高,如果继承的话可能还须缴大额的继承税。

与此不同,以投机为目的买入不动产的人则会赚钱。但是,进行不动产信托投资(REIT)的比股票持有者的人数更少，仅仅占了国民的1%。

而且，REIT应该更加明确易懂地说明解释实际的风险。举个极端的例子来看，如果募集到100亿日元买100亿日元的土地的话，那是真正的REIT。但实际上的操作却是募集100亿日元之外再借来9900亿日元买1兆日元的土地。土地上涨或者租金上涨的时候能够支付9900亿日元的利息，但如果土地价格下跌的话，瞬间就会归零。

大多数的REIT和出问题的次级抵押贷款具有同样的构造。将来，一定会有更多的人会因此损失利益，日银还买入的话是极端危险的状况。

另外，金融市场里还有靠价格变动赚钱套利的人，从事着上涨就卖、下跌就买的金钱游戏。外国人的基金和投资人中这种套利的人不在少数。

国外投资人的持股比率现在大约达到30%（2016年6月公布的"关于2015年度股份分布状况调查表的调查结果"），从成交量来看的话达到了70%。只对这些人有利的金融生态圈在日本也已然形成。

股价和不动产价格即使上涨，如果不将其还利于国民，社会整体无法富足。公司的盈利只还利给股东，不还利给员工、非正式员工和经销商，因此，消费一如既往地无法提升，经济也无法回升。

对投机者进行利益诱导的"改革"和"规制缓和"

说起发展战略，就会出现"改革"和"规制缓和"这些词语，问题在于其具体内容如何。"改革"和"规制缓和"要做的应该是排除无用的障碍和既得权益，促进和帮助实体企业培养产业的投资，但事实上却并非如此。助长无非是"假想产业"的金融交易的"规制缓和"其实只不过是对投机者的"利益诱导"。股票和外汇的HFT（高频交易）等就是典型。

HFT是一种智能系统，由安装了投资程序的电脑或人工智能在出现满足设定条件的瞬间以数千分之一秒的速度自动进行股票买卖，现在东京证券交易所的订单的70%都用这个系统。采用这样的系统就好比是在证券交易所雇佣赌场里的骗子一样。

假设投资人手中是1000万日元，基金的资金是

1亿日元。每次各出1日元，以50%的胜败率计算的话，200次以后，投资人的本钱就会花光。如果是高速操作的话，胜负只是一瞬的事，这可以用数学的逻辑来解释。外汇交易也是相同的，99.99%的投资人应该都亏损了。

2016年5月，金融厅终于意识到高频交易是造成股价混乱的原因，开始设置了专家会议来商讨如何应对，从而确定了在2017年修改法律的方针，即规定进行高频交易的企业人员要采取登记制度，规定其有义务贯彻风险管理。但是，就算法律规定了登记制度，最终只留下巨大资本的零和博弈这一事实却没有任何改变。

在2005年担任政府税制调查会特别委员时，我作了如下主张："用零和博弈这个词语定义的金融游戏和赌博一样，日本有赌博取缔法，金融游戏也完全可以适用这个法律。"

我并不是夸大其词。但是，没有人同意我的意见。甚至有人反问我："自由主义经济下，可以选择任何商品，这是参与者的自由权利。你是要剥夺这一权利吗？"

在"规制缓和"名义下推行的，还有很多实际上只是对投机家利益诱导的政策,这些都亟待改革。

股价优先导致的财务报表粉饰

股东资本主义的偏激,常常会以企业倒闭的形态展现出来。

销售量位于全美第七的大企业安然(Enron)公司的财务造假事件发生在2001年。安然公司从一个天然气管道公司起家,凭借综合能源销售和IT产业迅速成长。《华尔街日报》报道安然的财务造假嫌疑是在10月17日,股价于是突然急速跌落,至12月2日申请适用联邦破产法第11条事实破产,仅仅半个月,超过2万员工失业。

而内部告发了财务造假的人后来也没能再找到工作,听说是因此被视为危险人物,美国式资本主义并没有把有勇气的告发视为正义。

至此,安然的倒闭是美国有史以来最大的企业问题。翌年2002年,超过这个规模的是通信业巨头世通(Worldcom)公司的经营问题,其原因也在于巨额的财务报表粉饰。

公司持有股票是为了长期的投资和稳健的发展,

这一股票原本的意义在此时的美国已经开始变质。大多数股东都是短期持有，以高价卖出为其目的。结果，只要是为了股东的利益，经营管理层想方设法抬高股价，隐匿不利的信息。如果经营管理层拥有大量股票期权的话，问题就更加明显。

在大公司中不断出现财务造假和财务报表粉饰的原因就在于将"尽快尽可能地提高（发行股票数量×股价）"当作"优秀的经营"这一做法。

但是，市价总额不过是"假如公司解散的话能卖多少"这样一个估值。公司的价值并不是这种假想的指标可以测量的。公司提供了多少优秀的产品和服务？公司为相关的经营管理层、员工、经销商、顾客和股东贡献了多少？进而对整个社会贡献了多少？这些才是衡量企业价值的指标。层出不穷的公司破产大事件都是因为奉行市价总额至上主义而导致。

鉴于各种各样的企业违法不断曝光，美国政府制定了"上市公司会计改革及投资者保护法"，通称《萨班斯-奥克斯利法案》（SOX法）。该法案包含了对会计方法的重新审视、公司治理改革、独立监察机关的设置和对违法行为的严厉惩罚等。法案于

2002年7月制定，可以说应对很迅速。但是，就算制定了法律，强化了相关惩罚，股东资本主义这一生态系统本身没有改变的话，公司破产还是会不断出现。这好比不解决根本原因而仅仅强化惩罚措施并不会使犯罪消失，二者的道理是相同的。

对股东阿谀奉承的公司

2002年世通所创造的美国历史上最大规模的公司倒闭记录，在2008年被雷曼兄弟刷新。在此，大公司的倒闭连接不断引发金融危机被再次认定是"由于公司治理不充分"所导致。因此，将与公司经营相关的对象分为以投资方为对象的财产管理人和以被投资方（上市企业）为对象的公司治理，对二者都设定一定的规范，并进一步强化监督企业遵守法规、有效运营。

但是，公司治理和防止丑闻并没有关系。在后文的叙述中我们可以看到：被称为"公司治理优等生"的东芝接二连三发生的丑闻就是明证。而且，公司治理和财产管理人规范的导入反而带来了各种各样的弊害。

这里列举一组"年度总利润与红股分配和股票回购总额的比率（1981—2013年）"。

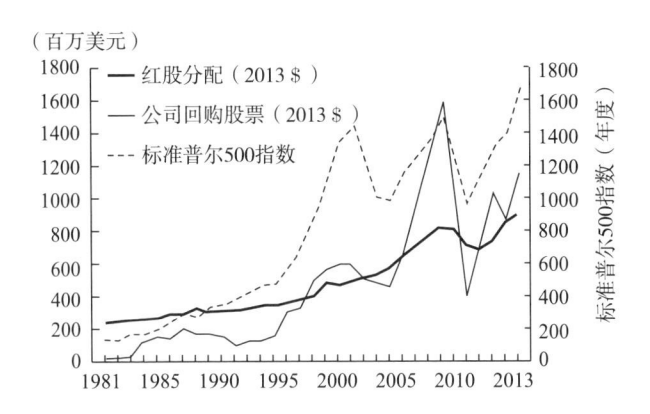

（百万美元）

- 红股分配（2013＄）
- 公司回购股票（2013＄）
- 标准普尔500指数

美国标准普尔500指数、红股分配、公司回购股票的变化

公司回购自己股票的话，已发行的股票总数就会减少，相对应的每股股票的资产价值和ROE就会上升，所以对于股东来说是有利的。因此，一般说来，定期回购公司股票的企业被看作是重视股东的企业，被投资人看好。

按照公司来排列这些数字，则结果如下：

IBM	113%
微软	119%
惠普	168%

宝洁	118%
瑞辉制药	137%
时代华纳	280%
迪士尼	100%

这些都是为大家所熟知的世界型大公司。这些数字意味着什么？以微软为例简单来说，"红股分配和股票回购总额与年度总利润的比率"为119%意味着：假定税后利润为100亿日元，或从企业内部留存收益中牺牲19亿日元或从外部借入19亿日元凑成119亿日元作为股东分红。惠普因为已经使用过内部留存这个手段，所以只能发行公司债券或者借款68亿日元，从而为股东分红168亿日元。IBM在2015年的7—9月期间，连续减收14个季度，即便如此，在之后追加了40亿美金回购股票，结果回购股票达64亿美金。

无论哪个公司都一味地阿谀股东，这样的公司又如何能长期存续下去呢？

"股东就是最高贵的国王"，凡是对国王不利的行为都禁止，能够为国王积累财富的话什么行为都可以做，这正是"股东资本主义中正确的公司治理"的现状。

在这样一种绝对王权下，按照国王意愿行动的侍者的首席代表就是CEO。传统的总经理一职和CEO的大的区别在于意思决定的权限。上市公司CEO的发言可以比作是公司的宪法，其拥有公司自上而下的独裁权力。COO（首席运营官）负责日常的公司运营，其上司CEO则是负责整体的运营，掌握了包含人事权在内的所有的经营权。

但是，CEO也可以获得股票期权，股东如果获利的话CEO自己也会获利。他们和国王的利害一致，因此臣服于国王。他们的眼中看不到那些无论怎么认真工作也无法富裕的员工们。

即使引入公司治理守则（Corporate Governance Code）和尽职管理守则（Stewardship Code），只要"公司是股东的公司"这一想法没有改变，那就不可能实现真正意义上的"健全的公司管理"。

股东优先的公司管理

在日本，"公司属于作为公司构成人员的经营者和公司员工共同所有"这一意识原本就为大家强烈认同，"外围的股东监督经营"的思想反而稀薄，大多情况下是"不发言的股东"。

不过,西武铁道、佳丽宝(Kanebo)、活力门(Livedoor)、奥林巴斯(Olympus)等公司陆续出现丑闻,日本引入了尽职管理守则和公司治理守则的概念。于是,2015年被称为"公司治理改革元年"。东芝的财务造假事件曝光是这之后的事情。

金融厅在2014年1月引入的"日本版尽职管理守则"规定了机构投资者和信托投资公司、年金基金等责任原则,其方针为:"机构投资者应该从中长期的观点出发,以提高被投资企业的企业价值和资本效率、促进其持续成长为目的,通过与被投资企业进行建设性对话来和该企业达成共识。"为此规定机构投资者应该遵从以下七个原则。

①机构投资者应该制定和公开明确的方针,以履行尽职管理守则的责任。

②机构投资者应该就履行尽职管理守则时的利益冲突制定和公开明确的方针。

③机构投资者为了被投资企业的持续性发展而适当地履行尽职管理守则,应该准确把握该企业的状况。

④机构投资者应该通过和被投资企业建设性的"有目的的谈话",以期与被投资企业达成共识的同

时，努力改善问题。

⑤对公开机构投资者决议权及其行使结果制定明确的方针，关于决议权的行使方针，不得仅止于形式上的判断标准，应该努力做到有利于被投资企业的持续性发展。

⑥原则上机构投资者应该定期向顾客、受益者报告如何履行包含决议权行使的尽职管理守则。

⑦机构投资者为了有利于被投资企业的持续性发展，应该具有深刻理解被投资企业及其企业环境的能力，并有能力基于此恰当地履行与企业对话和尽职管理等。

同时，东京证券交易所制定了以上市公司为对象的"公司治理守则"，自2015年6月开始适用。其中包含如下五个原则。

①确保股东的权利和平等

②与股东以外的相关利益人的恰当合作

③确保恰当的信息公开及其透明性

④董事会等的责任义务

⑤和股东的对话

其中，关于第四项董事会等的责任义务这一点，要求设置独立董事以求更容易反映公司外部的意见。

但是，问题在于上述的公司治理守则和尽职管理守则是否真的能达成"健全的公司管理"，接下来我们详细看看其内容。

东京证券交易所对公司治理守则的定义是："其架构是为了让公司从以股东为首的顾客、公司员工、地域社会等立场出发，达成透明、公正且迅速、果断的意思决定。"关于公司治理守则的论述是："采取了为达成具有实际效果的公司治理的主要原则，切实执行该守则，通过各公司自发性地谋求其持续性发展和中长期的企业价值的增长，从而促进公司、投资者甚至经济整体的发展。"

关于公司治理守则和尽职管理守则，金融厅认为其是"中长期地提高被投资企业的企业价值和资本效率"，促进"其持续性发展"，对"持续性发展和中长期的企业价值的增长发挥作用"。

那么，这些方针的导入后，实践中又发生了什么呢？

首先，日本的公司也开始和美国企业一样进行股东利润返还。比如，制药公司卫材（Eisai）2016年3月期的统一会计报表中，销售额为5479亿日元，当期利润550亿日元，分红的支付金额为428亿日元，也就是说，公司将纯利润的80%作为分红返还给了股东。又如NTT DoCoMo 2016年度的统一会计报表，销售额为4兆5270亿日元，当期利润5484亿日元，分红的支付金额为2675亿日元，公司回购金额3075亿日元。也就是说，以分红和公司回购的方式，将纯利润的105%返还给了股东。

很明显，引入公司治理守则和尽职管理守则后，享受到实惠的不是公司员工，也不是顾客，而主要是基金和由富裕阶层构成的股东。

此外，制药公司卫材的外国法人等持股比例为30.2%，也就是说，有如此多的日本企业的利润流向了国外。

这样的经营决策在公司治理守则导入前的日本是不可能发生的。大家都以为"引入公司管理守则，公司的治理得到了改善"，事实上却恰好相反。当我拿出数据向安倍首相解释说明的时候，首相也很震惊。

助长做假账的美国式公司治理

公司回购在日本也日益增加，而问题恰好就出现在这里。

大和总研在2015年7月的报告中指出：公司回购增加背后是"因日本版尽职管理守则和公司治理守则，机构投资者和上市企业中对资本效率的意识日益提高"，"守则的目的在于提高企业价值，有必要对公司将回购作为剩余资金的使用方式是否恰当、其合理性如何等进行探讨"。

问题在于这里所说的"企业价值"的内涵。如果注重股价和ROE的话，将利润以最大限度返还给股东是"最健全的经营"。与此不同，从中长期的立场出发，保留利润作为公司发展投资，而这才是最健全的经营。

决定将利润返还给股东的是董事会，如果"不能给股东返还利润"的话，这个公司就会被评价为"管理不善"，代表股东利益的分析评论家们就会如此去批判该公司，股价由此就会下跌。而"公司治理守则"这一个概念，就以这种歪曲的形式被运用。

虽然日本经济团体联合会的核心成员和财务审查机构中也有人认为这不正常，经济界的大多数人内心认为如此，但并不会表示出来。

引入美国式公司治理对于防止公司不正当行为

没有起到作用的这一事实，东芝的财务造假丑闻就是明证之一。

东芝是自2003年就设置了"提名委员会等"（日本即使现在也只有数十个公司导入了该制度）的"优秀企业"。2003年商法修改，美国式公司治理刚进入日本，东芝就率先引入了该制度。

在董事会中设置了决定董事候补的"提名委员会"、决定董事会成员薪酬的"薪酬委员会"和"监察委员会"三大委员会，各委员会的半数以上为独立董事，这种设置当时被高度评价为"先进的"制度。而之后东芝也一直被视为"公司治理的优等生"。财务造假丑闻事件以后，在公司治理制度必须落到实质的讨论下，挑选独立董事人选的标准变得严格。但是，2017年1月"粉饰400亿日元规模的"财务造假丑闻再次被曝光。也就是说，公司治理和防止财务造假之间并没有关系。报纸等新闻媒体也应该对此有清晰的认识了。

重视季度决算而导致的做假账

在美国式"先进的"公司治理的引入过程中，

曾经作为"优秀公司"的东芝的账务造假丑闻问题不知何时结束。根据2012—2014年3月东芝的决算报告，6月、9月、12月、3月等财政季的最后一个月里，电脑部门的营业利润异常增长。这可以被称作"季度决算产生的造假"，这也证明了"公司治理对财务造假的防止没有起到任何作用"。与其说引入公司治理是为了健全企业经营，倒不如说对于董事会而言是作为诉讼对策而采用的。"重视"公司治理和季度决算的东芝现在作为企业正濒临破产的边缘。

安然事件也好，东芝事件也好，都是经营管理层主导造假决算报告，让短期利润比实际上看上去更好。简单说来，都是经营管理层屈服于投机者和市场的压力，为了显示出比日立制作所、三菱重工等对手企业有更高的ROE而作出的造假行为。

安然、世通都是设置了提名委员会等机构的公司。"为了提高治理功能"的委员会设置其实对于防止丑闻的发生没有起到任何作用。

另外，日本的违反公司治理事件中，也有与美国不同的地方。那就是日本基本没有经营管理层中饱私囊的事例。无论哪个事件，其动机都不是个人的利益，都是为了公司。2011年曝光的奥林巴斯的决算造假，左右其判断的也是如此——如果将之前人员的造假行为公开的话，公司就会倒闭，如此公司员工也会没有出路，与其如此，不如将其隐瞒。

独立董事是"公司治理的守门人"？

对经营管理握有极大权力的CEO是如何被选出来的呢？

在美国企业中，CEO由公司内的人事委员会来进行筛选。基于其过去的业绩寻找出候补者，在面试的基础上选出合适的人选。CEO握有极大权限的同时，每个财政季度被严格检查业绩，销售下滑或事业发展计划推迟时会被严重警告，如果情况在四个季度得不到改善，董事会就可能作出解雇的决议。

美国公司和日本最大的差别在于董事会的构成。在日本，基本都是公司员工通过晋升后成为管理人员和总经理，所以董事会成员的大多数都是公司内部管理人员。相反，在美国，代表股东的"资方人员"的独立董事握有极大的权限。

在美国，独立董事没有达到过半数的公司，会被怀疑"有隐瞒内部违法行为"。相反，如果超过半数的话就会为大家信任，认为"没有违法行为或模糊的财务行为"。因此，独立董事被称为"公司治理的守门人"，增加独立董事人数在企业防止由股东派生诉讼这一方面也发挥着重要作用。

独立董事因为处在股东代言人的立场，不能因为和会长或总经理意见相左就被解聘。一旦发生了这种情况就会立即举行独立董事会，总经理这一方反而会被解聘。没有将无法提高业绩的总经理解聘，独立董事才会被股东问责而被解聘，因为无法向经营层传达股东意见的独立董事是无法取得股东大会信赖的。

但如此的话，独立董事到底是为谁"守门"呢？与其说是"健全的企业经营的守门人"，倒不如说其是"股东利益的守门人"。

事实上，几乎没有独立董事批判美国大公司回购股票是"经营管理层只注重股东分红"，因为这有违股东的利益。原本独立董事应该发挥的给CEO提供经营的建言建议、防止混乱这些作用却并没有实现。

美国式的公司治理是彻头彻尾的以股东为中心的制度，CEO也好，独立董事也好，都只是其生态系统的一部分。

日本企业中的独立董事

2014年的公司法修订，明确了日本的上市企业也必须设置至少一名独立董事这一方针。虽然最终没有达到强制义务的程度，但规定了如果不设置独立董事，就必须在股东大会上说明相关理由。

东京证券交易所在2016年7月时，收集了上市公司提出的公司治理相关的报告书，并公开相应情形（遵守率）如下：

选任2名以上独立董事的　78.8%（比2015年12月末增加了21.3%）

董事会有效性评价　55.0%（同比增加18.7%）

信息公开的充实　85.9%（同比增加14.0%）

但是，如同上文所述的美国实例，独立董事最后也只能沦为将"股东资本主义""金融资本主义"的逻辑带入董事会的这样一个存在。

当然，独立董事这一外部的视线，也可以对实现真正意义上的"健全的企业治理"发挥作用。但是，这取决于"独立董事对谁忠诚"。在选任的时候，必须重视其独立性。因为这里要求其站在公平的立场上冷静、合理地进行经营判断。在利润分配上不偏向股东和经营管理层，需要具有公平的平衡感，能考虑到包含公司员工在内的所有人的利益。

笔者认为，独立董事只有具有如下品质才有设置的必要，即职业伦理、公平性、客观性、专业性、多样性，理解公司宗旨和业务、可以成为公司员工道德伦理典范。

相反，独立董事有不得兼任的职务，如：竞选策划人、评论家、警察，而且无条件盲从的人也不得做独立董事。不负责任，对其无法理解的公司内部问题进行不恰当判断和行动，这些都是不能被选任为独立董事的因素。独立董事必须是真正意义上对企业治理有帮助的存在，不能是美国企业中的那种股东代理人。也有不是公司股东而成为独立董事的事例，在日本也存在不是大股东的"独立董事"。但是，遵循美国式公司治理方针的他们，基本也如同股东代理人一般。

追求短时间内成效

在"公司是股东的公司"这一股东资本主义下,公司治理出现了本末倒置。以10年时间增加1000亿日元利润而备受赞赏的公司CEO,股东们会要求其"接下来以九年的时间获得同样的利润",如果达成其目标,接着股东们又会说:"做得好!接下来以五年的时间获得同样的利润。"在这个重复的过程中,制造业和以研究开发为前提的各种产业在某个阶段就无法经营下去。因为无法以长期观点来进行经营判断,只追求眼前利益,没有空余资金流向研究开发。

永无止境的反复着"一年做到了,那下次就一个月做到,再下次就一天做到",其最终结果就是只用一秒就获得利润的金融市场的高频交易(HFT)。现在甚至出现了IRR(Internal Rate of Return,内部收益率)这一指标。获得利润所花的时间越短,其数值越高。比ROE更进一步的IRR可以说只是面向投机者的指标。

在这种大环境下,花大量的时间进行研究开发,然后再将其产品化进行销售的做法是不会受到青睐的。如果被要求"五年以内出成果",那以研究开发为中心的企业和制造业从一开始就不具有登上商业舞台的资格。短期利益优先的生态系统会破坏制造业。在英国,进入20世纪90年代后制造业就消失了。美国也一样。在日本,该倾向也变得非常强烈。

比起五年来说,三年出结果更好,两年比三年更好,接下来一年、一个月能有回报更好,在这种思维逻辑下,其手段只能是投机性的金融。这是一个对冲基金和激进投资人跋扈的世界。所谓的对冲基金就是在股价和商品市场、货币市场,基于"将来的理论值和实际状态的背离"来注入资金,以赚取差价为目的的基金。而激进投资人就是之前公开要约收购(TOB)札幌啤酒(Sapporo Breweries)和牛头犬调味品公司(BULL-DOG SAUCE Co, Ltd.)的Steel Partner公司、收购日本广播公司(Nippon Broadcasting System, Inc.)和阪神电气铁道的股票而成为舆论中心的村上基金这种所谓的"积极发言的股东"。但是,需要厘清的是他们出于何种原因"积极发言"?他们的目的并不是要达成"健全的企业经营",而是积极发言要变卖企业的资产和要求分配现金。

第二章 毁灭日本和世界的股东资本主义

积极发言的股东追求对他们而言的短期利润，即激增股价的经营和分配利润的增加。在美国，不仅要企业完全交出内部留存收益，而且还出现了成为大股东的对冲基金将公司清算卖出后分取利益这样粗暴的事件。

但是，在英美出现了美化对冲基金和基金投资者的投机性金融的风潮。他们虽然并不能一直赚钱，但是大赚特赚的时候他们提供了大量政治献金，美国在2010年取消了企业献金的上限。金融资本主义中握有金钱的那群人支配着在制造行业脚踏实地辛勤工作的劳动者，而且，金钱甚至还驱动着政治。

2016年的总统选举中对民主党希拉里·克林顿的大部分反对都源自对华尔街夺取天下的反感。共和党的唐纳德·特朗普虽然在言行上有问题，但因为和华尔街保持距离而获得了支持。不过，特朗普政府之前虽然让大家以为他与华尔街关系甚远，但从2016年11月8日总统选举胜利到2017年1月20日的总统就职仪式之间逐渐形成的阵容来看，事实也并非如此。要知道，居然有六名来自高盛（GS）的人士要成为特朗普政府的内阁官员。

财政部长史蒂芬·姆努钦（Steven Mnuchin）是

高盛原合伙人，白宫国家经济委员会主任加里·科恩（Gary Cohn）是高盛原总裁兼首席运营官，财政部副部长的最有力候选人詹姆斯·多诺万（James Donovan）是科恩的老部下，首席战略专家和高级顾问班农（Stephen Bannon）是高盛的原并购专家，另外，经济顾问安东尼·斯卡拉穆奇（Anthony Scaramucci）和被任命为总统助理的迪娜·鲍威尔（Dina Powell）也都出自高盛。

很快，他们就开始缓和金融规制（以金融危机为教训2010年7月颁布的《多德－弗兰克法案》）。到2017年1月第2周时，华尔街的诉求看上去似乎被冷漠地拒绝了，但进入2月以后，特朗普政府下的金融规制开始转向缓和。也许正是因此，特朗普政府下才产生出了让富裕阶层越来越富的体制。

股票上市导致的资金流失

现如今，股票的上市已经不再具有其原本的意义。因公司的上市而获利的投资银行和证券交易所虽然宣传"通过股票上市可以从市场上筹集资金"，但其结果却是截然相反的，公司的资金反而向外部

第二章 毁灭日本和世界的股东资本主义

流失了。

上市时如果投资人购买了股票的话,公司就可以从外部筹集资金。但是,因为用公司的内部留存收益来回购股票,也就意味着将公司的资金放出到市场。因此,"外部的资金筹集(在股市中卖出的股票值)"和"从内部放出的资金(公司回购股票的部分)"之间的差额才是"上市所得的资金净值的增减"。

事实上,很多公司在上市过程中其资金净值的增减为负数这一情形在1993年之后纽约证券交易所的统计中就已经明确显现。也就是说,"为了获得外部资金而上市"这一原本的目的已经有名无实,因为股票的公开发行,公司积蓄的资金反而被股票市场吸走了。

对投机者而言,股价的大幅变动是他们所期望的。股票价格上扬就买空来获利,股票价格下挫就卖空来获利,股市没有变动的状态,就无法获利。投机者所鼓吹的"推动金融缓和,如此股价就会上扬"只不过是一个谎言,其真正的目标是股市的大幅变动。只要股票价格上下波动,使用电脑程序和人工智能就能获利。

股票持有的短期化

社会通货膨胀的整治、企业的研究开发以及对新兴行业的投资一并促进实体经济发展。要提高企业的竞争力、增加雇佣，达到这个目的就需要中长期的投资，这才是真正意义上的发展战略。

但是，在最近的资本市场上，投资日渐短期化。其象征就是股票的平均持有期间短缩。根据纽约证券交易所的数据，1960年持股期的平均值超过8年，而在2005年则不超过1年。在依靠自动程序和人工智进行高频交易的现在，已经无法计算保有期间。

东京证券交易所也面临同样的情况。1992年平均持股期超过5年，但现在不超过1年，世界上主要的证券交易所都发生了同样的变化。而且由于高频交易的出现，1秒内就有成千上万次的买卖，因此现在的平均保有期间到底有多短，笔者也无法查知。

无论如何，股票保有的短期化实际上是金融行政助力的结果。

即使在日本，从2008年开始，为了让投资者尽早知道企业业绩的变化，公开每个季度决算成为企业的义务。2005年度，上市企业的90%都在每个季度公开决算，这一义务带给企业巨大的影响。

每个季度决算的公开，加快了经营决定，其背后是要求每个季度确保利润的获取，这不仅不是中长期的经营方针，甚至也阻碍了以1年为单位的经营计划。

于是，在2016年10月19日召开的彻底推进未来投资的构造改革会议上，作为企业相关制度改革、产业结构改革的政策建议，我向以相关负责官员为首的出席人员强烈建议，应该尽快废除规定公开募股企业每个季度决算公开的义务，将其改为适当公开。

排斥长期投资的美国企业

化工行业的大型企业杜邦每年投入1兆日元以上进行研究开发，但就2005年这个时间点来看，其中三分之一为短期（5年以内），三分之一为中期（5—10年），三分之一为10年以上。

就10年以上的研发而言，无法确定开发是否顺利、何时产品化的事例常有，评论家由此质疑中长期的研发对于将来股价的影响到底有何好处。因为他们是股东代言人,所以会质疑"为何要做这种与利润无关的研究"。

但是,毋庸置疑的是,即使是当下的畅销品,5年以内也会因其跟不上变化而卖不出去,有的是产品本身被淘汰,有的是虽然继续销售但利润下降。因此,中长期的研发对于企业的存续是至关重要的。

不过,要预先明确地解释说明中长期的研发如何有利于企业将来的利润增长却是极其困难的。相反,能够明确的短期利润增长非常具有吸引力。结果,研发的费用日益减少,企业甚至将重心从本公司研发转向企业并购。

杜邦的原CEO查尔斯·贺利得(Charles Holliday)曾经表示"羡慕日本的东丽(TORAY)"。东丽以其独特的碳素纤维和美国波音公司签订了1兆日元的大规模订单合同。重量为铁的四分之一、强度却是其10倍的碳素纤维是飞机的理想材料,东丽的碳素纤维听说用在新型大型飞机"777X"的主翼部分。

事实上,从开发到将该碳素纤维产品化,东丽花了40年以上的时间和大量的研发经费。东丽的日觉昭广总经理和我在杂志上的对话栏目中说道:"最近东丽被猛烈地抨击了,说什么'为何不放弃纤维''不会选择和集中'。但是，碳素纤维、反渗透膜和人工肾脏都是纤维技术。如果迎合潮流地经营的话也就没有今日的公司"，"从公司的长期课题中规划长远的展望，以3年左右的中期计划来设置公司的里程碑。但是，如果短期就出现赤字的话公司就会倒闭，因此同时也必须重视利润的产出"，"如果跟从一般社会舆论，那将来赖以生存的根基就会崩塌。我总说要遵从作为材料生产商的根本，做我们材料生产商本来该做的事。"

而我做了如下回答："能坚持超过40年，不仅仅是因为已有事业创造的利润，更重要的是经营管理层谨守的企业文化——资产组合的一部分即使出现赤字，但如果是和长期利润挂钩的话，就将其作为新发展的事业来完成。"

对此，日觉总经理说："正是因为在钓鱼竿和高尔夫球杆方面追求极致的技术，所以才能做到回应波音的高要求。不过现在的强度连理论值的10%都没有达到，今后数十年将着力开发，进一步提高强度。"（月刊Wedge 2016年3月号）

杜邦原CEO贺利得知道东丽的事后感叹道："我也想做这样的事业。但是，这太花时间了。虽然明白应该做什么，但是因为无法确定何时能产出利润，也就不会让我放手去做。"

放弃创新投资，转向企业并购

如果无法自己承担费用来研发的话，投资从事研发的企业也不失为一个方法。但是，在股价优先的生态系统中，就连这个方法也很难实行。

比如说某大型企业给创新公司投资了500亿日元，但研发未能如预料般顺利进行，销售额每年持续为零。最终，5年后投资的500亿日元归零，这时对这500亿日元就需要做减损处理，股价下跌，如此该大型企业的股东就会不再认可对创新公司的投资。

美国的企业已经不再投资创新，而是代之以企业并购。因为并购的对象是已经有成果的企业，所以风险低。但产业界整体的研发投资却变少了。

规则的变化使得现在的企业并购变得畸形。

A公司打算并购B公司时，假设B公司的股价为1000日元，需要1000万股，那公司就需要准备100亿日元。通常以银行贷款或出售资产来筹集这100亿日元。容易让这种企业并购变质的是一种被称为

"融资并购"的方式。在这种方式下,计划并购的A公司将并购对象的B公司的现金流作为担保融资,并购后通过出售资产等来偿还负债。

这种类似欺诈的做法以前是被禁止的,但如今在美国被合法化,接下来也将在日本"着陆"。因为没有必要准备现金,合并和并购就变得很容易。以前活力门在谋划收购日本广播和富士电视的时候用的也是这个方法。对于谋求短期利益的人来说,这是一种简单好用且容易赚钱的方法。

而在2006年的新公司法下,"通过股票交换的三角合并"也变得可能。

A公司的子公司B公司在收购C公司时,将母公司A公司的股票让与C公司的股东从而来获得C公司的股票。通过这个方法,外资企业可以通过其日本子公司轻易地达成收购。这也是美国企业为了提高ROE削减了可以用以并购的资金后,作为替代方案而采用的并购方法。

在这样的并购中掌握主动权的是股价。将股价上扬,由此不断收购,从而扩大自己的产业。但这是正确的做法吗?这不过是"将虚业偷换成实业",从中长期的经营来看的话,连一粒微尘都算不上。

各种各样的美国式金融制度和规制缓和正在助长着股东资本主义。以公司股票回购为例,在1994年的商法修改之前是被禁止的,因为其违反了修改前商法中的"资本充实原则"。

废止不合理的规制和不必要的规制是理所当然的。但是,现行日本的规制缓和对投机者极为有利。

会计标准的不同导致股价的变化:"暖帘价"的处理

并购在日本也开始盛行,其理由之一是不必再偿还"暖帘价"。

假设A公司的股价为1000日元,发行1万股,那A公司就有1000万日元的价值。但是企业中有无法用数字计算的无形资产。无论是食品、家电,消费者在不同商品之间纠结时,就会以制造商和品牌来选择。这种知名度和品牌效应就是"暖帘价"。即使是市价总额都是1000万日元的公司,A公司和B公司之间的"暖帘价"也可能不同。

"暖帘价"的问题在东芝的财务造假丑闻中得以凸显。东芝收购美国的核电公司西屋电气公司

（Westinghouse Electric）中出现了该问题。

在企业并购中，资产价值加上"暖帘价"为其收购价。东芝以6000亿日元的高价收购了资产价值为2000亿日元的西屋，但溢价的"暖帘价"的4000亿日元在会计上却并没有冲销。

日本会计标准规定，"暖帘价"在20年内必须冲销。

比如说日本烟草产业公司（JT）在2007年收购了英国的烟草公司加拉赫集团公司（Gallaher Group）。据说收购金额超过了2兆日元。受其影响，2008年度的销售额比前一年增加了34.4%，而2009年度的"暖帘价"的冲销额约为1055亿日元。销售额虽然增加了，但营业利润和前一年比减少了15.5%。

但是，如果不采用日本的会计标准，而采用"国际会计标准"（IFRS）的话，则不需要对"暖帘价"进行冲销，利润也就不会受到挤压。因此，2010年以后，为了推进企业并购，将会计标准换为国际会计标准的日本企业日益增多，JT也在2012年度改换了其标准。

比如，近10年据说在企业并购上花费了2兆日元的武田药品工业也改换为国际会计标准。在表明"2014年度末开始改换"这一方针的报纸(《日本经济新闻》电子版,2012年5月19日刊)中有如下表述:"不再计算现行日本基准中规定的暖帘价冲销,营业利润将因此提高400亿日元","认为投资人希望在与欧美企业比较这一点上采用同样的会计标准。通过收购来增加国外子公司的比重等的背后是国际化的推进。"

这里,我们再次看到了重视股东的生态系统。

同样是进行并购,用日本的会计标准就会有损失,而用国际会计标准就不会有损失。虽然仅仅只是数字上的操作,但却极大地左右了股价。

商学院所教导的股东资本主义

美国贸易代表办公室(USTR)在2011年发表的《国外贸易壁垒报告书》中,表达了希望日本修改公司法,以更加重视股东利益这一方针。其认为:日本由于2006年新公司法的施行等应该具有了"公司属于股东"这一构架,但实际状态却并没有与之跟随,"在美国航空那种事件中,经营管理层不拿奖金太不像话""给公司员工减薪时,也削减经营管理层的薪酬这种习惯不可理喻""日本违反了资本主义的原则""日本也应该和美国在同样的规则下行动"。

听了这些要求,日本的政治家、经济学者、经营者中,不少人认为"因为是全球性标准,将其适用到日本也不失为一个好提议"。事情绝非如此!这种想法与21世纪的新资本主义的潮流背道而驰。对于日本来说,也不可以接受这种要求。否则,"削减公司员工的薪酬的话,经营层自身也要进一步削减薪酬""即使业绩不好也坚守雇佣"这些日本的经营传统,就会"违反公司法"。

虽然没有完全演变成这样,但2006年的新公司法基本上是美国的模仿版。

1979年这一年我在斯坦福商学院学习,市场营销和金融学等课程为理解美国的企业经营和银行家的思想提供了莫大的参考,但也被灌输了"增加针对股东的企业价值"这一错误的观念。"如何提高市场价值和时价总额""如何降低经营风险"是商学院教学的内容。教给学生"公司是公器"这一对经营管理者至关重要理念的老师少之又少。

虽然商学院教的是："研发期间要限制在短时期内。理想的经营是让该创新从研发第二年开始就具备被收购的条件，而投资这样的企业正是风险投资的工作。"但我认为这不配被称为"风险投资"。将焦点放在高风险的事业上，具备降低该风险能力的人才是"风险投资人"。仅仅追求风险的人只不过是"金钱追逐者"。

商学院将在全世界范围内普及股东资本主义和金融资本主义的生态系统作为使命，在这种商学院浸入式学习两年的话，那就无法成为真正的经营管理者。推进美国式全球化在全世界普及的士兵就是MBA（工商管理硕士），商学院就是培养这些士兵的学校。而美国的全球化就是让全世界都遵从美国自己的规则，将全世界的金钱都吸收到美国。而日本当然是其对象之一。

所幸我在二十几岁的时候学习了考古学，因此没有被美国的这一思想洗脑。因为习惯以100—1000年为单位的时间轴来考虑问题，所以对于3年或1年这种短时间内提高利润，我都认为时间太短而很难有想法。而可惜的是，学生们几乎都被季度结算这种可以说是傻瓜式的制度洗脑了。

公司到底是谁的？

从我的经验来说，新技术在产业化之前都不得不背负两个风险。

其一，是与其技术实现的可能性和有效性相关的"技术风险"；其二，是与开发技术在市场上接受度相关的"市场风险"。如果看不到能抵抗这两个风险的希望，要获得金融机构的融资就很困难。

在这个时候，与其共抗风险而提供资金的就是风险投资人。美国的IT基干产业几乎都是这样成长起来的。80年代美国的风险投资人中，很多人都对新点子非常感兴趣。

我实际上也和工程师们一起交谈、一起工作、一起出售产品。无论哪个企业在走上正轨之前都需要大量的实践，虽然很辛苦，但正是因为如此，每个企业就如同自己身体的一部分。

我们的DEFTA Partners对开发新动画处理技术的以色列的Oplus Technologies公司的资助始于1999年12月25日该公司创立之时。那个时候Oplus公司的资产负债表中的资产为40亿日元，而其资本金也是40亿日元，是非常优质的企业。

但是,"技术风险"如期而至。公司的设想是:将应用数学的研究成果运用到图像处理的算法上,将其做成软件装到主板上,尝试成功后最终做成ASIC这一集成电路。而这一过程是否真的能实现在创业之初其实并不确定。创业时的40亿日元资金在两年后也基本都使用殆尽。

最终,该技术开发成功,并且也成功克服了"市场风险",Oplus成为图像处理半导体的世界级生产商,虽然2005年为英特尔收购,但曾经有一段时间就处于资产负债率的临界线上,在投机人士和监察法人看来"该投资已经处于困顿状态,在做预算时要作为亏损记账"。如果被迫替换创业经营者、投资被撤回的话,开发必然也会停止。但是在这个时候,如果能向监察法人说明"公司的'现金'已经转化为'有价值的技术'",有能力获得追加投资,这才是真正的风险投资人。

如上所述,真正的风险投资是以技术为基础创造出新价值的类似制造业的存在。但是,现在的风险投资人反而对产品制造的过程不感兴趣。吸引他们的只是数字,感兴趣的只是快速地赚钱。他们中间的90%原来都是金融人士或经营顾问,这种人是不可能培育出新企业的。

金融资本主义在全球蔓延的原因

20世纪70年代到80年代的美国，以电脑为中心的IT产业日益兴盛，金融在背后发挥着作用，经济整体保有了健全的形态。进入90年代后，IT产业遍地开花，席卷了整个世界，进行了相关投资的风险投资人获得了莫大的利益。之后，更多的资金流入到IT产业，投资资金过限，迎来了网络泡沫。

巨大的资金集中在风险投资人手中。由DEFTA Partners 1985年出资、我自己也作为共同经营人参与的Accel Partners风险投资，资金规模达25亿日元，在当时全美国排名第2，如今其规模已经超过5000亿日元。我在IT泡沫之前撤出了资金，因为后来这已经完全沦为了金钱游戏。

事实上，5000亿日元的资金规模，反而是无法进行投资经营的。因为所谓的投资经营是没有物资就用脚、没有金钱就用脑。在这个过程中各种各样的智慧得以产生，人才由此得以成长。单靠资金注入是不会产生任何东西的。金钱过多的话，人就不会去思考，容易陷入不再研发而依赖从别的生产商订购产品，或者不再去开发现场，不再去拜访客户，只在自己公司的事务所听报告。

曾经发生过这样一件事。某企业家在获得新技术的专利以后找到风险投资人谈其创业计划，结果被对方拒绝说"等产品完成后再来"。等该企业家把产品完成后再拿去时，那个投资人又说"等开始销售以后再来"。虽然这是一个不好笑的笑话，但这就是美国的现实。本来应该和对冲基金和激进投资者处在对立一面的风险投资人，结果沦为了"金钱管理人"。

我曾经长期和盎格鲁-撒克逊人以及犹太人做生意。因为高新技术就是股东资本主义和金融资本主义的圣地。我经营的企业在1995年左右开始上市，从那个时候我逐渐意识到其间的矛盾：一旦上市，就不得不面对这个潮流——股东们对中长期经营和研发的否定，同时奉股东利益为最优先。

"不劳而获"并不会幸福

股东资本主义导致了金钱的集中，但这并不意味着幸福也就此集中。因为并不是成为有钱人就一定会幸福。

在我的风险投资生涯中曾经遇到一个非常成功的创业者,是我在网络泡沫时代投资的穷困的瑞士人,那时他30岁,是一位年轻的总经理。他赚取到500亿日元现金后,或许是之前没有受到眷顾的人生所产生的反作用力,他回到瑞士后买了一座城堡。

"想住大的城堡"曾经是他的梦想。但是,城堡居住起来未必会很舒服。空调在城堡里没有什么用,扫除也很麻烦,还需要很多佣人。如果本来就出生在王公贵族家的话,或许会习惯,可他似乎并不快乐。有钱并不一定就会幸福。不过,他却错误地以为"是不是买更大的城堡就能幸福?""把钱用到其他地方会不会更幸福?"

硅谷的成功者中,虽然有保持挑战精神的人,但身为富豪却并不幸福的人有很多。华尔街的证券交易人,无论赚取多少,也不过是金钱游戏。而且,这本来就是别人的钱,无论损失多少也不是自己的损失。

市场万能主义摧毁健全的市场

和股东资本主义一并腐蚀世界经济的是市场万

能主义。市场万能主义认为市场最大限度的自由可以最有效率的分配资源,而个人的自由会促成社会的繁荣。

但是,如果把所有都委以市场是有问题的。市场原理只能在具备了以下条件的情形下才发挥作用,即没有加入壁垒、任谁都可以准确获得买卖对方和商品的相关信息、实现了真正意义上的竞争。但是,现实中是不可能具备这些条件的,"市场万能主义"只不过是"桌上的空谈"。

虽然有人认为"只要遵循市场原理,公益自然也会实现",这种想法太过乐观。如果不具备市场原理的前提条件,"市场万能主义"就会带来不幸的结果。看看长久以来被委以市场原理而被放任的环境问题和贫富差距问题等是如何的严重,结论也就显而易见了。

比起国家计划经济,市场原理确实更有用武之地。但是,现实中并不是所有都是自由的。市场在法律、法规、习惯、伦理观念等规则的基础上发挥作用。而且,更为重要的是,还需要制定可以让资本主义和公益都能发展的规则。

将自由之鞋左右反穿的结果就是股东资本主义,

而股东资本主义的进一步将错就错造就了金融资本主义的横行。和1929年的经济危机相同，2008年的雷曼危机也是市场万能主义所导致。可以说是冷战后胜利的资本主义刹车失灵横冲乱撞的后果。

股票市场已经不是筹集资金的市场

股票的公开发行使得企业可以从市场筹集资金，这已经变成了企业单方的美好愿望。如前所述，在美国的证券市场中，1993年以后，比起通过发行新股票筹集资金的金额，公司回购股票的金额更多，这一倾向在进入2000年以后更为明显。将股票在纳斯达克上市，被股市吸取的公司的资金和公司内部留存收益的金额比通过股市筹集的资金更高。那么，到底是为了什么而上市呢？有鉴于此，我们最近不再将公司上市，也不推荐上市。

因为对冲基金、激进投资人群体和投机者要求公司回购股票，所以才会产生这种现象。因为公司回购股票股价就会上涨，经营管理层就可以通过持股获得高额的回报。这种畸形"经营"自20世纪80年代开始大肆横行。

公司获得利润时,将利润优先分配给一直以来支持公司的人们,这种做法是基于"公司是社会的公器"的思想。日本的企业人无论是总经理还是普通的员工都会同意这样的做法。而且,支持公司的还有顾客和客户,如果有贷款的话,银行和借出资金的人也是公司的支持者。

所有这些支持公司的,我都将其称之为"公司伙伴成员",而其中对公司而言最为重要的是公司的员工,正是因为有公司员工的辛勤工作,企业才能持续发展。

股东中可以被认定为是"支持公司的一员"的仅限于5年以上持续持有公司股票的股东。不应该以股票的多少为标准,而应该优待那种赞同公司理念、长期支持公司经营的股东。

市价会计和资产减值会计的错误

资本主义需要规则,但规则的内容极大地左右了资本主义的存在形式。

比如说,我们应该认真思考日本正在积极引入的"全球化标准"这一国际会计标准到底是什么。

某公司为了建造自己公司的大楼购买了土地，价格为1亿日元。第二年，土地的价格下跌到8000万日元。按照以前主流的账目价值会计的话，必须将1亿日元减去8000万日元差额的2000万日元作为损失记账。假设当年的营业收益为2000万日元，在账簿上就会抵销，利润归零。

这种基于市价计算资产价值的就是市价会计，而将资产价值降低的部分作为"损失"记账的就是资产减值会计。

在资产减值会计中，即使公司的经营业务盈利但如果土地的资产价值下跌的话，利润就会消失。为此，企业就不再想拥有土地。这是大企业将自己公司的大楼出售改为租用办公楼的原因。对于制造商而言，比起购买土地建造新的研究所和工厂，委之于外面公司反而能回避风险。

这和很多企业集团正在减少集团内部的相互持股的道理是相同的，因为股价一旦下跌，自己公司就会产生损失。

减少土地和对其他公司股票的持有，ROE就会增加，因而股价会上升，这是投机性的股东所喜闻乐见的。总之，市价会计对于股东资本主义来说也是称心如意的会计标准。

即使拥有所有权的土地和股票的资产价值增加，如果不出售资产的话，那就不能作为"利润"记账。这虽然是账目中不能反映的"隐含利润"，但金融机构因为了解情况，所以会对这些隐含利润给予担保融资。如此，这些公司的资产价值可以进一步提升，隐含利益也进一步增加。

另一方面，经济不景气时，土地和股票价值的下跌也反映在账簿中，该土地和股票就更难卖出，持续跌价，助长经济的恶化。

也就是说，市价会计和资产减值会计最大的缺点在于扩大和延伸了经济景气的振幅。

日本的市价会计和资产减值会计开始引人注目是在泡沫经济破裂后，银行持有的不良债权成为重大问题的时候。对（已经下跌的）没有增值空间的土地资产价值以取得时的账簿所记价格来评价非常不合理，而市价会计有利于不良债权的处理。但是，现在仍然继续使用市价会计是错误的。由于将价格下跌了的不动产的资产价值以市价会计和资产减值会计来处理，在雷曼危机之后很多公司都破产了，而这些公司当初持有的土地资产价值现在应该有大幅度回升。

投资研发企业两三年内不一定出成果,如果用了五年、六年都没有出成果,即使想继续研发,也会面临负债大于资产的问题。如果在此时适用资产减值会计的话,企业就只能宣告破产。市价会计和资产减值会计阻碍了进行长期研发的企业的出现和发展,掐断了新技术产业的幼芽。市价会计和资产减值会计继续蔓延的话,大企业就会谨慎对待近期可能会产生资产减值的创业,转变采用不需要冲销"暖帘价"的国际会计标准,并对企业并购(M&A)趋之若鹜。

内部留存收益是公司的生命线

我在美国从事了风险投资后回到日本,最为惊异的是大家对村上基金这种激进投资人的评价,很多人认为:"虽然内部交易是违法的,但其提高了股价,并且将内部留存收益给股东的这一行为本身是正确的。"

在股东资本主义之下,企业价值的计算变得以"市价总额"来计算,作为其指标的ROE被奉为圭臭。缩减企业资产可以提高ROE，所以比起作为企业内部留存收益储蓄或用于设备投资，将其作为红利分配更为有效。对于ROE来说，企业内部留存收益莫若说是负面要素。

这是非常愚蠢的规则。对于企业来说，为了持续发展，承担风险投入资金来发展新事业或进行大规模的研发投资非常必要。而筹集这些资金的方法只有三个：①从金融机构贷款；②现有股东按比例增资；③从企业内部留存收益中获取。

第一种从金融机构贷款，必定要支付利息返还。考虑到该投资有可能失败，这种方法会有导致公司经营失败的巨大风险，而贷款"并不喜欢风险"。第二种按比例增资筹集资金需要说服股东。在当今追求短期利益回笼的股东中，要说服其理解中长期的投资，几乎不太可能。因此，必然地，只能选择第三个选项，即活用企业的内部留存收益。

为了自己的将来使用自己存储的资金，这是非常合理和正确的企业行为。内部留存收益就好比是个人的存款，为了防范自然灾害、金融危机等突然发生的危机而有储存的必要。

内部留存收益的存储不是一朝一夕就可以达成

的，逼迫企业吐出内部留存收益的对冲基金和激进投资者的言行彻底地违反了企业经营的根本原则。要阻止他们的跋扈，必须恢复正常的关系，即企业才是主角，金融机构和股东要做的是支持企业这一主角。

阻止对冲基金和激进投资者

那要如何阻止对冲基金和激进投资者呢？

美国2010年颁布的《金融规制改革法》（多德-弗兰克法）对银行自主的资产运用设置了规制。以美国原联邦储备委员会（FRB）议长保罗·沃尔克（Paul A. Volcker）的名字命名为"沃尔克规则"。原则上禁止证券、金融衍生品、商品期货和期权等短期性的自营交易，同时禁止向对冲基金和未公开发售股票的基金出资超过总资产的3%。其目的是防止资金无限流向对冲基金和激进投资者一方。

如前所述，特朗普新政府也意图废除这一"沃尔克规则"，不过仅靠这些金融规制防范新的危机，这本身不过是一种幻想。因为规制而导致投资对象的金融商品不足的话，多出来的金钱就会流向股票。

对于华尔街来说，泡沫不停反复产生带来的利益更大。

"沃尔克规则"几乎没有起到什么作用。无论对银行业务的自营交易资本如何规制，即使不允许其从事高风险的证券交易，但只要有借款，就可以让资产膨胀。即使禁止其投资，也无法禁止其贷出。只要允许向非银行金融借出资金，那规制就是一纸空谈。

投资者们瞄准企业的内部留存收益，以分红的形式要求每股分配200%或500%的收益，这样的例子很多，那是因为在之前的几十年，股东都基于"为了公司将来的发展"而同意将收益作为内部留存。这些积年累月的储蓄被现在这些临时的股东瓜分，这实在很让人费解。

为了阻止这样的事态继续发展，可以规定比如说要求分得200%以上收益时，对过去的股东也给予相应的分红。那些仅仅以高回报为目的的投机者们，因为获取的少了，在行动上就会有所踌躇。

磁悬浮无法在美国开发

我曾经从东海旅客铁道（JR东海）的葛西敬之

名誉会长那里听到过他自己的个人经历，印象非常深刻。

2000年在纽约，在一个面向外国股东的经营报告会上，某股东提了一个问题："和别的铁道公司不同，公司在较短年限内更新替换车辆的原因是什么？"

确实，如果继续使用冲销后的车辆，股东可以得到更多的分红。确信公司属于股东的美国投资者们提出这个问题也是理所当然的。葛西先生自信地回答说："我们公司当然注重股东利益，但是有比股东利益更重要的，那就是乘客的安全。"

1964年公司创设以来，东海道新干线从来没有发生过乘客死亡事故。如果问为什么可以做到，那是因为：只要现场操作人员判断是"为了乘客的安全而必要的"，都会不遗余力地去实现。经营管理层不知道"做到何种程度是安全的"，因此对于现场操作人员的要求，作为经营管理层全盘接受。车辆的更新替换也是基于同样的理念。正是因为乘客相信"新干线绝对不会发生事故"安心地乘坐，公司才会有收益，才能给员工发工资，也才能给股东分红。

葛西先生如此回答后，反问对方道："您是说要削减这部分费用吗？"对方也不让步，说："公司是属于股东的，这是原则。你身为社长却连这个都不知道吗？这不是失职吗？"

总而言之，认为"为了将股东利益最大化，虽然不是说任由事故发生，但也不能过于注重安全对策。没有必要对地域社会做贡献，将钱挤出来全部分红"，这是股东资本主义一方的观点。

但是，葛西先生并不让步。

"对乘客的安全负有责任的不是股东，是工作人员，因此工作人员至关重要。"

股东听了勃然大怒，大喊道："社长下台"，葛西先生冷静地回答说："如果不满意公司的经营方针，那就请卖掉股票。"

可以这样从容不迫地应对股东的指责，着实很令人钦佩。比起增加眼前的利益将其给股东分红，乘客的安全和安心更为优先，这是JR东海作为企业的方针。正是因为这一重视乘客的姿态没有动摇过，新干线的安全才得以保障。反过来说，新干线的安全性也造就了JR东海的股价，进一步也与股东利益紧密相关。这么明白的道理，却已经不为美国投资者所赞同。

第二章　毁灭日本和世界的股东资本主义

磁悬浮列车自1962年开始研发，预计2027年作为中央新干线在东京和名古屋之间启用。这是一个跨60年的庞大项目。就在数年前，葛西会长来到美国，想看看美国硅谷投资者的反应，结果得到的答案和上面如出一辙："如果有投资那么长远的将来的现金的话，那就全部作为分红拿出来。"

如果没有中长期的计划性投资的话，那就不可能有划时代的研发。东丽的碳素纤维和磁悬浮这种需要几十年的时间和巨额投资的技术，在被股东资本主义毒害的美国已经不可能再出现。反观之，日本在这方面还具有强大的优势。

遗憾的是，最近在美国式股东资本主义短视模式的影响下，日本制造业的研发投资的比例也有减少的倾向。不过，日本企业擅长中长期的经营，只要自我肯定这一日本原本具有的长处，比起短视的美国企业，日本企业一定可以顺利地再次回归到重视中长期研发投资的经营。

第三章 美国模式的瓶颈

一切都从铁道开始

在美国的亲身经历使我认识到了美国式经营模式的局限性,之后总结出了"公益资本主义"这一想法,为了让读者了解我的思想历程,这一章我将介绍一些我个人的经历。

我原本立志要成为考古学者。原因是我学生时代到中美洲各国去旅行时看到了金字塔。但发掘遗迹需要巨大的资金。简而言之,为了获取这个资金,我暂时中断了考古学研究去了美国,开始学习经营。在研究生时,创立和经营了光纤显示系统的制造型企业,并在这个过程中得以亲身体验了美国式经营。之后,我开始从事风险投资,以美国为据点,在英国和以色列创立了多个企业。在这样的人生经历中不断思考,想法逐渐成形,但要找寻其原点的话,还需要再往前面回溯。最终，我发现，"公益资本主义"的原点始于我在父亲身上的所见所学，一切都是从父亲喜爱铁道开始。

不过不得不说，我的父亲，原信太郎，真的是一位"非典型铁道迷"。

铁道模型"充栋"

2012年7月，在横滨站东口的前方，"原铁道模型博物馆"开馆了。这里展示了古今东西的铁道模型约1000个及相关照片、邮票等物品，还有教如何制作铁道模型的工作坊。

其中最大的亮点在于这里有世界上最大的立体展示。一般的铁道模型是由黄铜制作的，但这个立体展示的铁道模型是和原型一样由铁制作而成，相当于原型1/32大小的车辆在宽46毫米的铁轨上行使，电力从轨道上方的天线通到车顶上的导电弓架上。如同真正的列车在街道上或自然中开动一样，颇有视觉和听觉的冲击。我自豪地认为这个博物馆与作为铁道发源地的横滨非常相称。

这些车辆都是从我父亲原信太郎的收藏中甄选

出来的，父亲因为兴趣爱好自己制作了大约1500辆，还从世界各地收集了大约4500辆。

在我的记忆中，出生后首先见到的就是铁道模型。孩提时代家中布满了各种铁道模型。虽然家里有专门用来放铁道模型的房间，但模型越来越多，结果客厅、和室逐渐都被铁道模型占据，后来甚至多到得放上餐桌了。母亲刚小心收拾了，父亲又抱一堆回来。庭院中也装上了铁轨，还制作了真正的以蒸汽为动力的模型，放置了好几辆在轨道上面跑动。

父亲喜欢铁道可以说是病入膏肓，只要进入铁道世界就好像变了一个人。父亲说"因为是铁作成所以才叫铁道"，所以他把从车轮到导电弓架再到铁道，所有部分都用铁来加工制作。还买来切削机床、铣床等需要用到的器械，虽然常常因为操作不小心受伤而血淋淋的，但他仍然热衷于火车和轨道。从公司回来吃完饭就立刻窝在制作间里制作火车，我半夜里醒来去瞟一眼他也仍然在制作火车。父亲废寝忘食地沉浸在铁道的世界。

父亲如此珍视的铁道模型，在我小时候是不让我触碰的。如果去触摸，父亲就会吼道："这不是小孩子摸的！"

等我上小学以后，父亲终于让我做一些铺设轨道的杂活，中学以后就让我帮忙牵轨道天线等，而对于我来说，可以从中知道一些铁道模型和金属加工的知识，是最大的快乐。随着我逐渐长大，父亲就把相关的电力系统和操作系统也交由我负责。

父亲工作的公司在大阪，所以住在大阪，但他是纯粹的东京人，连关西方言也不会说。父亲吃的东西也很特别，他只吃牛肉。蔬菜、鱼、鸡肉和猪肉，他都不吃。母亲说这对健康不好，让他也吃点蔬菜，他则回答说："牛吃的是蔬菜，所以牛肉里面有蔬菜。"饮料他只喝可口可乐，而且每天喝两公升。

1995年父亲来我旧金山的家中小住的时候，刚好可口可乐的副会长到我家做客，父亲自夸说自己每天喝1.5加仑可口可乐的时候，可口可乐的副会长吃惊地问道："身体还健康吧？"（笑）

副会长言下之意是无论怎样这也太多了吧，但是父亲既没有糖尿病也没有痛风，到2014年94岁过世之前，一直都很健康。

继承父亲的自立

我因为工作的关系频繁去国外,每次去都会为父亲收集该国铁道的相关资料。

2008年,我作为联合国政府间组织特命全权大使出访南非。父亲非常喜欢20世纪20—30年代南非的电动火车,一直想制造模型。但因为只留下黑白照片,不知道应该涂什么颜色。于是父亲让我顺便查访,但因为时间久远,我没有找到相关的资料。火车因为太老旧了而被废弃,南非没有制铁工厂,所以应该不会被当作废料,我想应该是被丢弃在像汽车废弃场那样的地方了。

我在电话中给父亲报告这个事情的时候,他说"你去看看"。因为有工作所以只能利用周末,而汽车废弃场在全国有好几处,两天内是不可能看完的。我跟父亲说"再找机会去看",结果父亲只说了一句:"真靠不住。"我回答说:"因为只有两天,我把地点弄清楚了就去,一定会好好拍照片给您的",结果他把电话挂了。

那个周末,父亲居然出现在我住的宾馆,他说"因为你的回答太不可靠了我就来了"。这个时候他已经88岁了,仅仅是为了确认一辆火车的颜色就一个人从日本乘飞机来到了南非。

我们一起探访,最后终于找到了寻访的目标火车。我认为拍照片这件事应该由我来,结果没想到意外的辛苦。

"爬上旁边横放的那辆火车,从那个角度拍。"

"趴在地面上从下面拍。"

这样的指令一直持续到最后。

1919年出生的父亲,从幼稚园开始就接受庆应的教育。大学读的是东京工业大学的机械工学,因为当时的庆应大学没有工学部,没有办法在那里学习铁道技术。

父亲给自己的铁道模型取名为"香格里拉铁路"是在1932年,这一年发生了上海事变,伪满洲国建立。他赋予这个名字的寓意是:虽然日本走向了战争,但在他自己的铁道模型中,从苏联到中国、欧洲各国、美国,各个国家的火车都是相连的、和平的、理想的世界。

东京工业大学设立了汽车学院,但将丰田的工程师和福特的工程师相比较的话,其技术能力差别太大,因此父亲说他当时确信"日本和美国打仗的话一定会失败"。他在有明确证据的基础上主张"反对战争",但特别高等警察和宪兵把他当作危险分子看待。在被征兵入伍的时候,学士的话本来应该以少尉的军衔入伍,但因为上述理由父亲只当了个二等兵,后来被分到陆军炮兵队,受伤后成了伤残军人。

在征兵前,他觉得自己如果被特别高等警察逮捕、拷问后可能会被杀害,于是就开始穿白色领子的内衬和白色的鞋袜,也就是以前武士切腹时的装束,而且之后一辈子他都是这个装束。战后也一直是穿和服。但他讨厌叫嚣"鬼畜美英""日本失败的话我就自决"的国家领导在战败后一个个变得亲美亲英,认为他们没有政治家的节操。

这样的父亲给了我极大的影响。在我进入中学的时候,新任校长为了"立规矩"命令所有男生剃光头。我无论如何都不愿意,一直对抗到全校就剩我最后一个人(没有剃光头)。

在我抱怨"这种没有道理的事太奇怪了"的时候,父亲说:"没有必要按照学校的指示来做。规则不是学校来决定,应该由学生来定。"

拜他所赐,母亲每周都被叫到学校,被老师严厉警告。为了不再给母亲添麻烦，我剃了光头，那是一年级第二学期学业结束仪式的那天。学校同意只要剃过一次，例外允许我今后再蓄头发。结果在春假中我的头发就重新长出来了，中学二年级和三年级就一直没有剃过光头。

"站在经营管理者一方还是劳动者一方？"

下文关于父亲工作的事都源自我小时候听过或看过的模糊记忆，可能也有不准确的地方。

战后，父亲在办公用品公司里做工程师。在办公用品的产业规模有所扩大的时候，当时的通商产业省制定了JIS标准。这个标准模仿的是德国的DIN标准。但是如果以身材高大的德国人为标准制造椅子的话，日本人坐上该椅子双脚就会无法着地，而通商产业省要求绝对依照该标准。

当时业界的办公用品生产商似乎都与政府步调一致，但是父亲的公司没有按照上头的命令全盘接受新标准，违逆命令的是担任部门负责人的父亲。最终通商产业省发文要求解释，父亲回复道："本公司的总公司在大阪，如果有事的话请来大阪。"

父亲挺直腰板向政府官员喊话，然后到工厂在大家的面前解释："今天，我们公司向通商产业省宣战。"又说："我们的商品不是铁和水泥，不需要政府的认可。我们只要生产出消费者需要的产品，就一定能卖钱。"我的父亲，他就是这样一个独立、自尊、自信，不屈服于强权的人。

在20世纪60年代的日本，空调还没有普及。当关西电力开始售卖冷气机的时候，曾经是技术科长的父亲马上就购买了。一般说来，采购来的冷气机会先从总公司的社长办公室和各管理人员办公室开始放置，但父亲反其道而行之，先将冷气机送到了工厂。高层的人责难他说："你到底是站在经营者一方还是劳动者一方？"父亲认为："在最热的地方工作的是工厂的员工，总公司的员工和管理人员都在有电扇的凉快的地方工作，所以不需要冷气机。"

由于当时是"伊邪那岐景气"*，工厂每天都加班到很晚。我小时候常常被带去工厂，工厂非常闷热，我感叹大家能在这样的地方那么卖力地工作。

---

* 日本从1965年11月至1970年7月连续57个月出现了战后最长的消费主导型经济景气，被称为"伊邪那岐景气"，伊邪那岐是日本国家创立神话中的人物。——译者

在有了冷气机变凉快后，父亲又带我去工厂，对我说："丈人，这里凉快吧。这里的话就可以舒服地工作吧。""爸爸，是因为同情才这样做的吗？"我问。父亲回答说："如果太热，而且又加班到很晚的话，大家就会散漫，可能因此受伤。工人们家里都有像你这么大的孩子，所以不让他们在工作中受伤对公司来说是最重要的事，"他接着又说："不仅仅是对在工厂工作的人，而且对公司来说也非常重要。因为热而流汗，汗珠掉在账簿或笔记本上就会使产品不合格而无法使用。因此，创造凉爽舒适的工作环境，也是为公司赚钱。对经营者和公司员工都有好处。"

现在回想起来，这个时候的鲜明记忆或许就是"公益资本主义"的原点。父亲在给公司用车装冷气机的时候，在给管理人员专用车装冷气机之前，也优先给送货的货车安装了冷气机。

铁道告诉我们世界的广阔

父亲在小学的时候开始学习英语，在初中和高中阶段又学习了德语、法语、西班牙语和意大利语，大学入学前听说还掌握了俄语。这些都是为了了解国外的铁道而学习的。所以在我们家里订阅了英语、法语、意大利语、德语、西班牙语和俄语的铁道杂志,我也会快速浏览一下这些每周都被送来的杂志。

等我上中学的时候,我就想现在我应该差不多可以读懂那些杂志了吧,结果却完全读不懂。这个时候我才知道,法语、西班牙语和英语不一样,世界上有各种不同的语言。我们一起泡澡的时候我跟他说起这个事情,结果他让我用德语从1数到100,否则就不让我从澡盆里出来。等到能用德语全部说出来以后,接下来又要用法语,接下来又是意大利语。

从父亲那里学到的,是和考试完全没有关系的教养。但是,他还教给我了很多引发好奇心的东西。初中三年级的时候,他对我说:"你考上高中就让你去欧洲。"不过还附加了一个有他风格的条件:"你得看懂各国的时刻表。"他设定的测试是这样的——给我一个欧洲的铁道时刻表,然后问我:"从德国的汉堡到葡萄牙的里斯本,怎样换乘最快?"而且还拿着秒表计时,让我三分钟内找出来。英语"Antwerp"(安特卫普)的这个车站,在法语里是"Anvers",而用弗拉芒语则又为"Antwerpen"。如果记不住这三种的话，就没法看懂欧洲的时刻表。再比如Geneva（日内瓦）在德语中是"Genf"，在德国地图中就只能找到"Genf"。

我满怀兴趣地继续找下去，又发现西班牙和葡萄牙之间存在一个小时的时差，如果按照我设计的乘车方案就会赶不上。虽然刚开始时常常因为回答得不好而总被父亲训斥，但在这个过程中，我也明白了世界的广阔。

遇见金字塔，从铁路到考古学

成长为铁道少年的我利用高中和大学的暑假去国外开始我的铁道旅行。为了追寻蒸汽火车而第一次去中美洲是在1972年的春天，那年我是庆应大学法学院三年级的学生。

美国的铁道在20世纪50年代换成柴油发动，在那之前使用过的蒸汽火车都被卖到了墨西哥。而墨西哥也在70年代完成柴油发动转换，我推测那些蒸汽火车就到了更南边的危地马拉和伯利兹、萨尔瓦多、尼加拉瓜等中美洲国家。但我并没有准确的相关信息，因为不知道如何才能查清楚，所以我只能自己去当地看看。

这次中美洲的旅行是我人生的转折点，在萨尔瓦多的旅行中，我了解到塔苏莫（Tazumal）和圣安德烈斯（San Andrés）有金字塔，原本以为只有埃及有金字塔的我非常吃惊，于是就去寻访。这里的金字塔的形状与埃及的四角锥形不同，而是梯形。

"是谁为了什么目的建造？又是如何建造的？"疑问一直萦绕在我的脑海里，回国后我就找来相关的文献来阅读。并且，我认为"考古学才是我一辈子的工作"。

从那以后，我就开始沉浸在西班牙语的学习和玛雅文明的研究中，研究的主题是"创造了玛雅文明的印第安人的迁徙路径"。印第安人是从乌苏马辛塔河（Usumacinta River）沿河而来的吗？抑或他们是从过特万特佩克地峡（Istmo de Tehuantepec）而来？为此，我寻访了保存有各个印第安民族随身物品和信仰神象征物的墓葬。

调查和探险是非常快乐的事。因为要进入丛林深处，可能会遇到毒蛇、毒蜘蛛，有可能感染疟疾和黄热病等热带传染病，而且常常还会经历与游击队这种非正规武装组织擦肩而过的危险。学会从这些危险中保护自己，这锻炼了自己在今后作为经营者的决断力和胆量。

最早的经营活动：中美旅行企划

大学毕业后，我原本打算找考古学相关的工作，但一直没有找到合适的。这个时候认识了萨尔瓦多的贝内克（Beneke）外交官，他请我帮助他从日本招募年轻人去萨尔瓦多旅行。

贝内克先生是担任过驻日大使和教育部长的政治家，他非常喜欢日本，常常说自己的国家萨尔瓦多就是"中美洲的日本"。因为之前拜托大型旅行社做面向学生的萨尔瓦多旅行企划但被对方拒绝了，觉得和我意气相投，于是就找我来帮忙。

但是，如果策划的内容限定于萨尔瓦多的旅行，不会有太多学生感兴趣。于是，我想到了下面的方法。我先在大学生活协同组合（univ co-op）调查了学生中受欢迎的国外旅行目的地，发现大家喜欢去有迪士尼乐园的美国西海岸。因为去萨尔瓦多没有直飞的飞机，所以必须从旧金山或洛杉矶转机。如果这样的话，可以顺道去迪士尼乐园。旅行计划定为"中美洲和玛雅遗迹5周游",我想如果强调其中还包含迪士尼乐园的日程,那一定会很好卖。

这样,这个商品企划就完美地完成了。但是,没有任何一个旅行社推行这个企划。原因是7月出发的旅行4月过半才完成企划已经太晚了。

于是,我决定自己来推行这个企划案。旅行社的人告诉我,如果没有"处理普通旅游业务主导人"这个国家资格的话,是不能从事旅游业的。于是我立刻到书店找到了国家资格参考书,"这个我应该可以合格",虽然有这个自信,但考试合格后再开始招募参加旅游的学生,是绝对来不及了。

这个时候我想出一个好办法:因为大使馆的用地和建筑都属于"治外法权",在那里开展业务就不会触犯日本的法律了。

接下来的问题是宣传册。因为没有钱所以只能自己设计。印刷我找的饭岛先生担任社长的"第一制版"公司,饭岛先生也是庆应大学毕业,是我的学长。我向他说明了自己财务状况的困难之处后,拜托他给我一个便宜的价格。

漂亮的宣传册做出来以后,饭岛社长把装有支付请求单的信封递给了我。拿好信封后我正打算回去，他说："你打开看看"，我忐忑地打开信封一看，里面的请求单写着："请求金额0元"。

"我非常明白你现在努力要做的事，作为学长我会尽力帮助你。你时刻记住，有我这样的人会帮助你，放手去做吧。加油！"饭岛社长的话给了我莫大的鼓励。最后，这个旅行活动有80多人参加，获得了极大的成功。

这是我的第一次经营活动，从中我学到了如果一旦决定要做就要负起责任，做到最后，途中遇到困难也要想尽办法去克服。

为了筹集考古学资金前往美国

我面前的道路有两条：一条道路是参加考试，合格后作为研究生继续学习，将来取得考古学的博士学位后成为一名研究人员。另外一条道路则是从事商业活动，将考古学作为兴趣爱好。无论哪一种，考古学的发掘调查都需要大量的资金，但我每年的收入才60万日元。

我一直非常佩服发现特洛伊遗迹的19世纪德国考古学家海因里希·施里曼（Heinrich Schliemann）。

他通过从事贸易来筹集发掘调查的费用，因此可以不用任何资助也不受任何人的指示全身心投入研究。我研究考古学到27岁，之后我就打算以施里曼为榜样，自立而后自足，于是在1979年去了美国，目的是为了赚取发掘的资金并为此学习英语。中美洲虽然用的是西班牙语，但因为要创业，英语非常必要。

我对于日语之外的语言学习非常讨厌，这一点现在也没有改变。所以我知道我没法接受那种只学习英语的语言学校。于是，我没有选择语言学校，而选择去了商学院。选择加利福尼亚州的斯坦福大学商学院是因为那里的气候和萨尔瓦多一样温暖，而且有很多来自西班牙语国家的人。

当初我计划在两年的时间内掌握英语，同时学习经营管理的方法，然后开始创业。和我同级的同学中有后来成为微软公司CEO的史蒂夫·鲍尔默（Steve Ballmer）、太阳计算机系统（Sun Microsystems）的创立者斯科特·马可尼里（Scott McNealy）。我和苹果公司的史蒂夫·乔布斯（Steve Jobs）也有多次交流。他们都是追求技术的血气方刚的伙伴，我虽然是从完全不同领域的考古学而来，但也受到很多启发和鼓舞。

从考古学到风险投资

斯坦福大学商学院的课题研究是制作企划书。虽然大多数的学生都是为了成绩和毕业绩点而写，但我的想法不同。我打算以这个企划书为基础来创业，赚取考古学的研究资金。

我的着眼点是光纤。父亲的铁道模型的灯是小电珠灯泡，一辆车装20个小电珠灯泡，每个月都需要换1个。换灯泡是我的工作，既麻烦而且效率又不高。但是，如果用光纤的话，这个问题就解决了，而这就成为我接下来开展经营活动的契机。

我的企划书写的是将光纤用在大型显示系统的开发生产。此时，大型屏幕显示用的液晶显示、等离子显示和有机EL（Electro-Luminescence）显示都还在开发过程中。即使成功使用这些技术，相关费用也太大，画面最多50英寸，不可能做出时代广场的那种大型显示屏。而光纤显示系统就可以很容易做到从小型到中型再到大型、超大型的转变。

比如说街头广告中使用的大型显示屏使用了几

千个和我家铁道模型一样的小电珠灯泡,如果使用光纤的话,就可以省去换灯泡的麻烦和费用,并且还节省电费。

但是,就在我按照企划书准备了60万日元的资本金,并决定自己做社长时,却面临无法继续推进的窘况,因为没有工程技术方面的负责人。斯坦福大学毕业生的年收入大致为800万日元,我雇不起他们。于是,我只能自己学习然后自己做工程师。

由于光纤是具有前沿性的技术,需要学习材料学、电子学和光学的相关知识。于是,我决定去工学院的研究生院学习。因为需要预先学习数学和物理的知识,为了有时间学习,我申请了联合国的学术研究员,在纽约一边为联合国工作,再用余出来的时间学习,后来终于成功转学到斯坦福大学的工学院。

迂回辗转,现在想来当初真是初生牛犊不怕虎,如果不是那个时候才大约20岁,我应该无法做到。在工学院的研究生阶段,我不仅研究了光纤的大型显示,还将视野拓展到工厂经营,学习了制造技术和管理工学。并且,我还去通用汽车公司在费利蒙市的制造工厂实习。

接下来，在研究生学习过程中的1981年，我终于设立了我的磁性纤维公司（Gekee Fiberoptics Corporation）。公司办事处就是我所住的宿舍，冰箱就是材料的保管库。工作内容就是制造100米×50米的超大型显示器。我猜想广告行业需要这个产品，所以就在纽约的麦迪逊大街上以广告代理商为目标推销产品。

虽然大家对这个新技术表示出了兴趣，但是，跑了几十家公司还是没有一个订单。创业资金见底，员工也相继辞职，公司面临着倒闭。

来自迪士尼的礼物

在困难持续的最后关头，我把希望寄托在华特迪士尼制作公司身上。惠普公司的创业者在自传中写道："迪士尼乐园为了创造出梦幻的世界，积极地采用新技术。"

为了节省机票钱，我从硅谷开车5个小时到洛杉矶，在迪士尼乐园的伯班克研发中心做了相关的讲解说明。大家询问了各种具体的问题，进行了激烈的讨论，我甚至还谈了我的考古学憧憬和自己的个人经历。

"很有意思！你下次什么时候过来？"副社长对我表示出了浓厚的兴趣。等我第二次去的时候，就被问道："你公司的弱点是什么？"为了获得订单，或许应该回答没有任何弱点，但我没有任何隐瞒地回答了："公司的弱点在于缺乏资金。"

结果，或许是因为我坦诚地回答了这个问题。对方把放映米老鼠、唐老鸭等角色的大型屏幕和在室内做烟花效果装置的工作交给了我，这是超过1000万日元的大订单。

我兴奋不已回到硅谷，但回去后才意识到一个问题，那就是订单过于庞大，我没有足够的资金采购材料。第二天，我又开车5个小时回到洛杉矶，一边给他们看我的银行账户一边道歉："希望能够将订单量减少到现有资金可以完成的量。""你等等，"副社长带着惊异的表情走出去后，过了几个小时回来了，说："作为预付款我们先支付三分之一"，说着就给了我一张支票。

"我如果拿着钱跑了怎么办？"我问他。"我见过几千个业内人士了，你不是会欺骗我的人，这个我一看就知道。别想那么多无所谓的事了，赶快回去干活吧。"

回去的路上,我好几次都热泪盈眶。我不能辜负这份信任。连着好几天我天刚亮就起床工作直到第二天凌晨,在交付预定日期的一周前完工。

我把产品装在租来的卡车上,再自己开车5个小时把产品送过去。对方表示非常惊异:"能在合同期限内交付高科技产品的生产商只有你,品质也非常好。接下来我们再订购两倍的量。"

这样重复两三次后,我终于获得了佛罗里达迪士尼乐园中未来都市"艾普卡特(Epcot)"这个项目的业务,并且担任了东京迪士尼乐园的技术顾问。

因为迪士尼乐园这个大客户,我的公司名气也变大了,从其他公司的订单也日益增加,创业获得成功,公司扩展到有50名员工的规模。

而且,因为看到物理学杂志上登载的相关论文和报道,斯佩里·兰德通用自动计算机(Sperry Rand Univac)公司也向我们公司订购电脑用的光纤显示装置,公司业绩蒸蒸日上。

另外,公司还涉足医疗器械领域,用光纤进入血管,感知光的反射进行运算,分析血糖浓度等。为此,还委托日本和韩国制造,成了没有自己工厂的生产商。

以这个公司获得的资金为基础，1984年我成立了风险投资公司DEFTA Partners，第二年设立了联盟论坛基金会，跨出了我作为风险投资人的第一步。

遗迹发掘和风险投资的共通点

我在斯坦福了解了风险投资。在疑惑校园里像史蒂夫·乔布斯这样的年轻创业者如何筹措创业资金的时候，了解到了有一种工作是投资给具有长远愿景和掌握最先进技术的年轻人，这就是风险投资人。

发掘出没有被世人意识到价值的新技术，从零开始培养，这样的工作和在被以为没有价值的遗迹中发掘出历史遗留下来的物品，将其作为人类的遗产留存下去，这两者是相同的。这不正是适合我的工作吗？这是我成为风险投资人的原点。

作为风险投资人，我以美国、英国、以色列等为据点，至今投资了各种各样的创业，也参与了各种企业的经营管理活动。软件、半导体、通信、生物科技、生命科学等等，业种虽然多样，但因为投资所用的资金并不是替别人保管的资金,所以可以按照自己的哲学来自由投资。

比如说,我有一个坚持不变的方针,那就是"培养发展对考古学有用的技术的公司"。比如说,我不投资与考古学没有关系的游戏和IT公司,也不投资与我理想和愿景无法调和的公司。

资助世界上没有人在做的事业是让我最开心的。不过这并不能保证该事业就会一帆风顺。既有成功的例子,实际上失败的例子更多。有些是新产品开发出来了但却没有市场,技术没法按照预想完成的事常常都会发生,还有事后才发现作为前提的科学理论本身就是错的。

虽然大企业的做法是在确信能够排除这些障碍后再开始投资该业务,但是我的做法是在那之前就开始投资,所以很多时候并不顺利。大约说来,有百分之六七十都失败了。就技术研发而言,五年需要一次大约几百亿日元或千百亿日元的投资,如果没有这个投资就没法实现新技术的革新。但是,原本就没有百分之百的成功,它的风险就是如此之高,也正是因此,更有去做的价值。

虽然这样说起来简直就有点像在赌博,但我的事业并不是赌博,因为所有的这些公司,包括失败的公司,我都是诚心诚意,以一定要让其成功为前提来经营的。投资十家公司,如果其中有一家成功的话,整体上都能赚钱这种概率论的投资也和我无缘。一旦决定出资,我就会和创业者一起用技术改变世界,一起跨越困难。所以无论哪个公司都是我自己人生历史的一部分,从每个经历中学习,从而在今后发挥该经验的作用。即使失败,人才也会从中成长。

风险投资的存在意义:创造新的事物

20世纪80年代中期,我打算在日本也设立据点来从事投资活动,但这一计划并不顺利。当时正好是泡沫经济的最顶峰,有钱就投资到土地然后转手获利是最普遍的做法。没有人理解我这种站在中长期立场来培养技术、产业和人才的经营模式。

事实上,当我拿出写有"风险投资人"头衔的名片时,几乎所有的人都呈现出一种奇怪的表情。确实,如果将各个单词拆开来看的话就是"冒险+资本家",如果将其翻译成日语,正确的译法应该是怎样的呢?我至今都对这个问题还抱有疑问,或许应该翻译为"培育有前途的企业的实业家"。

我认为将风险投资人视为"开发新产业的股份公司"并不正确,风险投资人不仅仅是出资发掘新技术的价值,他还应该在资本政策、人事、经营活动方面也帮助被投资的公司。

我给一些公司出资并参与经营的强烈感受是:只赚钱的事业没有意义,没有任何乐趣可言。在美国有很多只问是否赚钱而不过问事业内容的风险投资人。但是,股票上市、企业之间相互合并这种资本收益并不能让人喜悦。为了完成困难的事业,大家齐心协力、辛勤开发的新技术为这个社会做出了贡献,才是让我前进的巨大动力。

风险投资人确实体现了资本主义赚钱的机制。但是,事业成功获取利益和为社会做出贡献必须紧密相连。给有想法和技术但却没有资金的人们投资,从而对社会产生巨大的影响,这是充满活力的、有意义的工作。

如果问硅谷的风险投资投的什么产业,对方会回答"研发型制造业"。将科学和技术作为产业,从"无"创造出"有",这就是生产商。不过,不是只把技术产品化，而是通过将"东西"变成"事业"，创造技术改变世界和人类的生态系统，并将之实现，在这一点上，风险投资人和普通的生产商并不相同。

里根政权下兴起的股东资本主义

将股东的位置提高，增加其分红这一潮流在美国兴起是在里根政权的20世纪80年代。在重视市场原理、规制缓和、对富裕层减税等里根经济学之下，"公司要获利，最有效的方法就是减少给劳动者的工资"这一风潮势头强劲。如果工资被压低的话，相对地，医疗费、住宅费和教育费对于家庭来说就会变高。结果每个家庭都没有足够的钱，双职工家庭增加。工作的总人数增加的话，即使工资低，但整体的蛋糕却在变大。

美国女性参加工作，既不是以前流行的女权运动潮，也不是现在日本推进的男女共同参加。其实际情况是：为了追求股东利益，将原来在家庭中的女性赶到劳动市场。而在背地里，华尔街的流动资金被送往提倡女性进入社会工作的社会运动家手中。

同样的事情，在20世纪70年代也发生过。持有中东油田利权的石油大亨担心美国国内推进的油田开发会导致原油价格下跌，就发动了拉尔夫·纳德（Ralph Nader）等社会运动家以环境问题为说辞，鼓动不要开采美国国内的油田。这样一来，国内油田公司的股价随之下跌，而石油大亨趁机收购，在完成垄断后就赶走了拉尔夫·纳德等人。

环境保护团体和非营利组织（NPO）分三种类型：第一种是认真在做事的；第二种虽然在认真做事，但实际上是被某些人利用的；第三种是开始就是为了被利用而做事的。

很多日本人认为美国女性参加工作这一理念很先进，我从政府的男女共同参加事业的相关工作人员那里也听到不少这样的评价。但是，至少在美国，"女性参加工作美化了为股东利益而减少男性劳动者工资"，这是20世纪80年代的实际情况。

当然，在劳动人口减少的日本，女性和老年人在合适的地方恰当地发挥自己的才能，这是值得推进的。但是，美国却与我们不同，美国是一个移民国家，因为移民年轻人的数量不断增加。

在20世纪80年代，美国政府甚至创设了奖励来动员女性到社会工作。但是，和工资的涨幅相比，医疗、教育和住房费却一边倒地高涨。于是在90年代鼓励大家加班，到2000年的时候鼓励大家贷款，让大家将房屋作为担保来贷款，2008年爆发雷曼危机宣告了这一措施的失败，失去存款和房屋的人们怒不可遏，结果，在总统选举上特朗普胜出了。

真正的风险投资在硅谷中消失

从20世纪80年代到21世纪初，成为新基干产业而引领世界的是代表硅谷的IT产业。这些创业者都很年轻，虽然有想法、技术和愿景，但是却没有将其产业化的资金。

银行等现有的金融机构厌恶风险，对于无法确定的产业一般不会融资。而且当时的美国银行已陷入濒死的状态之中，主要是对发展中国家的融资成了呆账，没有余力来培育风险产业。

于是，风险投资在此就有了用武之地。风险投资对软件、通信技术、生物科技这三个产业中的优秀年轻人给予了资助。风险投资准确地找到新技术，长期并耐心地支持新技术的开发和产业化。

第三章　美国模式的瓶颈

但之后硅谷迅速丧失了产出新技术和新产业的能力。讽刺的是，这就是风险投资过于臃肿所致。

在20世纪90年代，当时注入美国风险企业的资金是4000亿日元左右。后来又提高到1兆日元，到2000年的时候甚至突破了10兆日元。一个风险投资人能够尽责管理创立的风险经营差不多是35亿日元左右，最多不超过50亿日元。筹集过多而剩余的资金就只能由资产运用的基金经理和经营顾问来负责运用，但他们所关心的并不是新技术、新产业的育成，他们只关心怎样在最短的时间内获得最大的回报。

就这样，很多分线投资忘记了最初的目的，变质成为未公开上市的投资基金，是否投资的判断标准在于是否安全。这里推崇的不是主动承担风险，而仅仅是分散风险的办法。

对于刚创立的风险投资企业，将有限的资本和人才集中投资效果更好。分线的分散好比是拉长战线的军队一样，反而容易扩大风险。现在的硅谷基本上都是应用程序（App）类的开发，新技术已经无法在这片土地中萌芽。

风险投资企业已经不能被称为"风险"。没有中长期的眼光、不进行风险投资的，只能被称为"金融业"。

取代美国式股东资本主义的新型资本主义

在美国，已经很难出现能将革新的技术产业化的企业和风险投资企业。即使经济规模增大，但贫富差距加剧，整个社会的氛围和人们的心态都发生了变化。我初次来美国是1971年左右，那个时候美国的富裕程度是日本无法比肩的。当时我还感叹这真是一个大国，但是现在却无法再有这种感受。现在我的感受是国家虽然富裕，但人心却陷入了贫穷的境地。

而美国式商业模式就是使美国社会产生这种变化的原因，这是我作为一个风险投资人在工作中日渐感受到并确信的。

贫富差距加剧而导致两极分化的社会并不是理想的社会，理想的社会应该存在大量富裕的中间层。为了构筑大家都富裕的和平安定的社会，就必须打破现有的美国式资本主义，重新构建新的资本主义。

而替代股东资本主义和金融资本主义的新资本

主义，就是公益资本主义。

2016年，英国国民投票决定脱欧，美国总统选举中特朗普当选。虽然是出乎意料的结果，但其背后是普通大众对生活的不满和不信任。而这就是富裕层愈加富裕、中间层跌落到贫困层、产业衰退、降低工资、减少雇佣的英美式资本主义零和博弈的归结。

日本现在应该提倡的资本主义，既不是这种英美式股东资本主义，也不是国家资本主义。公益资本主义的目标是增加雇佣和实质所得，即使降低税率也不影响国家总收入的增加。

但是，公益资本主义并不是要导入完全未知的经济原理，其要做的反而是回到资本主义的出发点。这在日本人看来，可能是理所当然的。因为这是与松下幸之助、本田宗一郎、井深大这些经营管理的先行者们提倡并构筑的"日本式经营"的理念和方法相通。犹如劣币驱逐良币，"日本式经营"曾经被诟病为跟不上时代，而公益资本主义就是要回到"日本式经营"的立场，并将其进一步打磨。

公益资本主义是符合日本文化和传统的资本主义形式，日本应该率先实践公益资本主义，并将其作为21世纪资本主义的典范展现给全世界。

第四章　何谓公益资本主义

由我担任代表的联盟论坛基金会基于"后资本主义时代应该如何发展"这一问题意识，在2007年创立了公益资本主义研究部门，我自己担任研究部门的主任。汇集了从美国哈佛、哥伦比亚和北卡罗来纳等大学的经济学者等精英，和全世界的研究者推进共同研究，从经济理性的观点来实证股东资本主义的问题。

我们不停地探究，想研究出一种方法，这种方法不是仅仅只追求股东利益，而是让更多的人们幸福、为地域社会做出贡献，让经济整体持续性发展。在这个摸索过程中，出现了这里所说的"公益资本主义"。赞成这个想法的人群现在也在日渐扩大。

在此，我重申一下对公益资本主义的定义。公益资本主义是：通过企业的经营活动为公益做出贡献。具体而言，就是"企业通过经营活动，为与企业相关的经营管理者、员工、客户、顾客、股东、地域社会、环境和地球做出贡献"这一企业和资本主义共生的存在形式。

但是,说起"公益",可能会被误解为批判追求利润,但实际上并不如此。相反,为了向支持企业的所有相关人员作出贡献,需要追求大量的利润。

重视卖家、买家和社会三者利益的日本型经营

最近,企业的相关人员被称为"相关利益人"(stakeholder),其所指的是股东、员工、有业务往来的客户和顾客,用日语来说就是"利害相关者"。但是,"利害"这个词本身含有对立概念的"利"和"害",我觉得并不合适。我认为从企业的人员到地球环境都是"支持企业的伙伴成员",所以我想以"公司伙伴成员"来称呼,也就是英语的"company"(伙伴)。

有意思的是,我切身感受到日本资本主义的独特性及其宝贵之处是在我去国外开展经营活动之后。日本人自己认为是理所当然的地方,在国外不仅仅

不是理所当然,而且还是稀有的。

日本在以前就重视"卖家好、买家好、社会也好"的"三方好"理念。卖家自己和作为客户的买家好,这很容易理解,而要向社会也做出贡献,这才是"好的买卖"。反过来说,这三者缺少任何一项都不能被称为"好的买卖"。因为这原本是江户时代近江商人的生意经,比我们用"双赢"这个词来得更早,所以说日本人很早就倡导了这个理念。

正如本书在前面所叙述的,美国航空在面临经营危机的时候,削减了340亿日元公司员工的工资,经营管理层因为削减了成本这一功绩而获得了200亿日元的奖金。如果是在日本的话,经营管理层强行削减员工工资,那就要主动从自己的工资中拿出更多的部分,股东这个时候当然也没有分红。"通过经营活动给社会做贡献才是公司存在的理由"这个想法一直是日本很多经营者的信念。但是,泡沫经济破裂后,这种想法被视为落后、跟不上潮流,而只追求效率的美国式股东资本主义备受追捧。

公益资本主义并不主张比起经济而言道德更为优先,反而比股东资本主义更加强调经济的优先地位。从长远来看,能唤起企业持续发展的公益资本主义才能盈利。企业能盈利，股东就能盈利，这符合经济的合理性。我将这点告知华尔街的人们，希望能在公益资本主义理论确立的时候，和华尔街一起共同确立"公益资本主义指标"。满足该指标的企业股价的提升，就是最好的明证。

我们应该回到资本主义的出发点，回到日本式经营，并将其进一步发展，作为自日本开始的"新资本主义"，在全世界范围内推广"公益资本主义"。

公益资本主义的"三支箭"

推进经济持续发展的是公益资本主义。公司是社会的公器，通过经营活动为社会带来新的价值，通过对社会做出贡献，每个公司也可以持续发展。

具体而言，公益资本主义注重以下三点：

①中长期投资——为支持持续发展而进行中长期的投资。经营者要一边追求短期利益一边努力平衡中长期的发展任务。

②公司伙伴成员的利益分配——公司获取的利益不仅仅只分配给股东，而是在支持公司的公司伙

伴成员中公平分配。由此调整社会的贫富差距，减少贫困层，大幅增加中间层。

③从企业家精神出发的改良和改善——正视风险，挑战新事业，始终保持改良和改善的精神。今后需要建立一个振兴科技企业和灵活运用新技术的技术服务企业的生态系统，所以不仅要在原本的经营活动中增加利益，还要敢于承担风险，挑战新事业。

以上三点就是公益资本主义的"三支箭"。

我担任会长代理的经济财政咨询会议之"关于市场经济系统目标的专门调查会"〔会长为三菱化学控股股份公司社长（现任会长）小林喜光〕将这个内容整理为报告书，在安倍首相、麻生太郎财务大臣和甘利明经济再生大臣（当时）也莅临的情形下，于2013年11月1日通过决议。"公司是员工、经营管理层、顾客、股东、地域社会乃至整个地球的"这一定义首次为政府所采纳。

之后我被邀请参加内阁官房未来投资会议、结构改革彻底推进会、自民党国家战略本部和参议院自民党政策审议会等，在这些会议上，我都主张并坚持了这一理论。

企业价值的三个新指标

公益资本主义用以下三个指标来衡量企业的价值。

①财富分配的公平

这个指标是用来表示企业如何分配从经营活动中获得的财富。不同于由股东和经营管理层垄断利益的股东资本主义,在公益资本主义之下,必须向所有的"公司伙伴成员"公平分配。

公司盈利,公司经营者变得富裕,而员工的工资却没有提高,如果还无法维持雇佣的话,员工的道德和积极性自然会下降。这种企业失去能力,也很难指望其成长。长期来看,不会导致不满和嫉妒的公平经营更容易发挥创造性,也更有前景。

从统计数字来看,在经济持续发展的美国,贫富差距正在扩大。工会认为"CEO和一般员工的年收入差大约600倍",而经营管理层辩解道:"哪里有那么大的差距。应该是162倍。"

在20世纪80年代,二者的年收入差大约是30倍。这30年来贫富差距加剧了,这一点毫无疑问。在日本,二者的年收入差大约为10—15倍,和美国大不相同。

美国平均的年收入已经下降到大约350万日元。以"美国梦"所夸耀的美国社会，现在已经无影无踪了。而特朗普总统的上台，主要是由低收入的白人劳动阶层的这种不满造就的。

②经营的持续发展

在"公司属于股东"这一理念下，追求的是短期利益和股价提升。即减少企业的内部留存收益，虽然增加了短期回利的研发经费，但压缩中长期研发经费，削减用人相关费用来强行提高利润，并将之分配到股东手中。甚至要求企业经营管理者回购公司股票，人为抬高股价。

将利润的100%以上用作股东利润返还，这在美国企业并不少见。如同在前文中看到的，"股东分红和公司回购股票的总额"是"股东利润返还"，但如果向股东返还利润超过纯利益的100%这种行为不断重复的话，最终企业也会不堪重负，持续发展也就根本无从谈起。在日本也是如此。2014年新闻报道了天田（AMADA）股份有限公司将公司利润的100%返还给股东，但这种做法不会让企业持续发展。美国的风险企业沦为激进投资者和对冲基金的饵食，企业寿命正在日益变短。

和松下幸之助的"水库式经营法"一样，即使发生自然灾害、金融危机这种突发性的危机，存储能保障员工和公司的内部留存收益和流动性资产对于企业来说是至关重要的。虽然这样做会降低ROE，但是这能有助于远比ROE更为重要的"经营的持续发展"。

经营管理层和员工对公司的长期的愿景和目标达成共识的话，其在经营上没有动荡，能提高员工的幸福感。反过来说，经营管理层只顾削减经费和人事费用来粉饰财务报表等各种表格的话，员工的幸福感则较低。

将目标锁定在非短期性利益的长期性发展，这种经营对于公司和股东来说都是有益的——这种价值观的转换一定要完成。

③经营活动的改良和改善

企业必须随时保持能应对变化的灵活性。比如说，美国的通用公司衰退的原因之一就在于没能将市场从大型车切换到小型车。公司虽然清楚20世纪70年代的石油危机导致了消费者偏好日本车这种油耗较少的小型车，但因为一台大型车的利润更多，结果就没转换市场定位。

再比如说,在照相机这个领域,发生过从化学胶卷到数字化的巨大转变。当时我们DEFTA Partners也看好这个时机,在20世纪90年代中期意图说服柯达公司(Eastman Kodak Company),提出以JPEG静止图像压缩芯片技术来转换经营,但对方并没有采纳。

这种因为无法应对社会转变而导致公司破产的例子不胜枚举。

越是曾经成功过的企业,越缺失应对商业环境变化的灵活性,对新的业界情况的转型应对也就越加困难。如何做到不被眼前利益所困扰,防止组织结构僵化,保持应对变化的灵活性?经营的改良和改善,也是公益资本主义下评定企业价值的重要因素。

公平性、持续性和改良改善这三个指标如果成为评定企业价值的三个新指标的话,在实践中,企业本身也会发生大的变化,肯定会带来全世界范围内工资的上涨。

类似的事情在过去的奴隶贸易中也发生过。象征着曾经因奴隶贸易而繁荣的英国利物浦建筑的墙壁上，戴着枷锁的黑人奴隶的浮雕仍然清晰可见。可以想见当时的奴隶商人是多么正大光明地炫耀自己的经营活动。但是，那之后，作为利润最高的"新商业"而曾经流行的奴隶贸易因为人权等新价值观、新规则而被废弃，在全世界范围内被定义为非法经营活动，而替代奴隶劳动的雇佣劳动提高了经济整体效率。现在的对冲基金和激进投资者在更具有经济合理性的公益资本主义这一新价值观面前，也会和奴隶贸易支持者是同样的命运。ROE这种经济上非合理的指标也会成为过去式。

什么是具有创造性、幸福感和灵活性的企业？

在公益资本主义的标准下，拥有公平性、持续性和改良改善性这三者的企业被评定为具有前景的企业。三者之间相互有密切的关系，将三者协调发展的企业就是公益资本主义理想的企业。

比如说，志同道合的五人出资建立公司。创业期虽然很艰辛，但齐心协力一起跨越困难的成员之间会有一种超越利益的关系。互助互利（Give&Give）的精神可以产生"温情的公司氛围"。员工有人生病了，不是去想如何将他辞退，而是其他健康的员工更加努力，生病员工的工资可能会降低一些，但仍然每个月可以领取工资，这就是"人性化的经营"。强大的凝聚力、高远的理想和高涨的热情成为原动力，企业就可以实现富有创造性、幸福感和灵活性的经营。

具有这些特征的公司，更多的是中小企业。从我自身的经验来看也是如此。公司规模还小的时候，员工们容易和经营管理者达成共同的理念和愿景，容易产生共同进退以达成目标的热情，并且员工们对"自己的公司"的归属感也更加强烈，利益虽有多寡但也容易有幸福感。

但是，一旦经营走上轨道，公司达到一定规模后，经营管理层和员工，或者员工相互之间的关系，就不再那么"人性化"。于是，员工们就会丧失对组织的热情，"尽量少干活多拿工资"的想法就会高涨。而经营管理层也容易陷入只考虑削减经费的怪圈。结果就会导致组织的凝聚力松散。

组织一旦扩大，组织的逻辑就会比个人更为优先，这个时候就需要能团结经营管理层和员工以及员工相互之间的规则。其关键在于消除不公平感，比起工资的多寡员工的不满和士气的低下，更容易产生不公平感。

如何在大企业中也达成和中小企业一样的组织状态和意识？公益资本主义也是这个目标的指针。

"金融"的新定义

现有的金融机构本身存在太多问题，因此我想就"金融"一词提出符合公益资本主义的新定义。我认为，为企业打开以下三个通道才是金融本来的作用。

第一个通道是"资本通道"。金融机构仅将资金提供给基于实体经济开展实业的人。虽然我现在正努力在非洲创造新的金融制度，但企业的雇佣少，实体经济基本都是刚"开业"，大多数都是打算和伙伴一起开养鸡场、个人打算做一些小买卖等。

第二个通道是"培训通道"。即使想开养鸡场，但开始的时候没有相关经验，失败的可能性很高。于是，对企业展开培训，帮助其顺利开养鸡场，这也是金融机构的责任。这对于金融机构而言也是有益且必须的。因为如果经营顺利的话，金融机构也能顺利回收融资，而且企业盈利后还可以在金融机构存钱。不仅仅只是将资金借给对方，长期且深入的合作对双方都有利。

第三个通道是"市场通道"。养鸡场的生产走上轨道后，接下来就是卖鸡蛋和鸡。这个时候，一般都是批发商压低价格购入后再转手卖到市场，生产者利益就会受损。因为没有建立市场流通系统，生产者并不知道合适的价格。于是，金融机构需要帮助生产者，直至其能以合适的价格——与所花费的时间和努力成正比的价格销售。

这是不同于当下欧美和日本的金融机构的一种形态，但这不正是为21世纪所需要的金融机构应有形态吗？

联盟论坛基金会从2009年开始，以非洲各个国家的财政部和中央银行的年轻干部为对象，为其讲解以小微金融为基础的金融架构，向旧宗主国银行法原则的担保主义提出挑战，推进制度改革，让贫穷的人们自己开展经营活动，进而成为富裕的中间层。

支持发展中国家的方法有政府开发援助（ODA）和捐助，人道主义支持或者完善保健、卫生和医疗等基础设施的支持是有效的。但是,要让当地人自立,还是应该选择第三条道路,即创建盈利的公司,创收后将利益返还给当地人,让当地人接着运营,因为这是让其自立的最快方法。并且,还可以防止没有工作的年轻人流落到恐怖组织中,为世界的和平做出贡献。

不同于欧美型经济和中国型经济的第三条道路

2008年雷曼危机以来,世界上的金融危机就一直此起彼伏。放任市场万能主义的后果,就会引发危机,爆发危机后政府就会大规模地介入。在这样的不断往复中,世界各国至今投入了大规模的公共资金。

为了避免世界性的金融危机,世界整体的金融系统被再次审视,如何防止金融机构和政府陷入资金不足的负面连锁成为全世界共通的课题。实际上,通过G8和G20成员国家的财务部、中央银行和欧盟等的政府间协议,这个问题也得到了部分改善。但是,这对于危机防范而言仍然不够,作为泡沫经济和危机循环往复的根本原因的股东资本主义仍然没有被质疑。

虽然大家并不看好由国家统制的计划经济,但是每逢危机出现政府都不得不介入的话,不如提前导入公益资本主义,在经济混乱前做好事前防范,这种做法更为妥帖。为此,通过恰当地设计维持健全市场的规则,以经济活力和公益的两立为目标的公益资本主义就非常重要。

股东资本主义和公益资本主义有什么不同?在此整理如下。

股东资本主义

· 短期胜败=别名赌场资本主义

· 没有新财富产生=仅仅是金钱游戏、零和博弈

· 催生小部分的超富裕阶层和大多数的贫困阶层

· 英美的金融界、巨型基金(Mega fund)、投机者和华尔街房地产投资信托所期望的资本主义

公益资本主义

· 中长期胜败

· 产生新的财富=加和博弈(plus-sum game)

· 产生大量的中间阶层

· 大多数日本人和世界上大多数的国民所期望的资本主义

金融危机总是在泡沫破灭时发生。在股价剧烈波动中能获得利益的只有投机者。不停重复的泡沫和危机的经济不能一直这样持续下去，因为这让社会和劳动者疲惫不堪。

活用富足的日本个人资产

只靠金融缓和和财政政策并不能实现国家中长期的成长战略。

当下由于优先短期利益的股东资本主义的势头，投放到发展新产业的风险企业和中长期的新技术的资金严重匮乏。

安倍经济使得景气的方向发生了改变，但是，国民还没有富裕。因为股价和房地产价格虽然上涨，但没有这些资产的一般老百姓享受不到任何恩惠。

根据日银调查统计局2012年6月的数据，日本的家庭金融资产（家庭收入资产余额）达到1700兆日元，保管在家中的钱达到40兆日元。

应该更加有效地活用这部分富足的个人资产。因担心被金钱游戏卷跑或因为暂时用不到而将其存放在柜子里，这对整个日本来说是很大的损失。将这些资金引入中长期投资中,这正是"成长战略"最重要的课题。

这个政策能让个人的小投资融入10年后、20年后、30年后日本未来的发展创造中。

比如说,可以考虑设计这样的制度:对研发型的风险企业的投资扣除一定的所得税,从其创业开始一年内的投资,其出资额从支付所得税金额中最高可以扣除20%。

这个制度还可以产生不同于以公共资源支持风险企业的效果。在以公共资源的支持中,由政府机关、权威学者和专家审查被支持对象;而在这个制度中,由个人基于自己的判断,既可以投资考虑创业的朋友,也可以投资自己看好的企业家。毕竟,对于新事业是否能成功,权威人士的判断也未必总是正确的。在20世纪90年代中期,加州大学伯克利分校的迈克尔·斯通布雷克(Michael Stonebraker)教授开发了对象-关系型数据库,其理论本身被IBM和斯坦福大学计算机科学学院的权威人士所否定,但我根据自己的判断,对这项技术开发从创业期开始就进行了投资。数年后,这个公司与美国大型数据库公司合并,之后立即被IBM收购。

进一步而言，这个制度将现在推行的"故乡纳税制度"*稍作修改（不是税额扣除，而是所得扣除），则立即可以实现。我建议计划面向研发型企业招商的自治体考虑尽快采用这个制度。

这种对"破坏性创造"的企业家的产生有决定性推动作用的税收制度如果被采用的话，这就比投资外汇交易更加省税，而且本来就应该有很多人支持挑战创业的年轻人，这个制度也可以让老年人放在柜子里的存款得到灵活运用。

退一步而言，创业即使失败也并不会没有意义。比如说公司就算倒闭了，但是培养了人才，下一次可以活用这次的经验教训。

遗憾的是，日本欠缺这种挑战精神。美国比日本优秀的地方在于：优秀的年轻人很多不是希望进大企业，而是有很强的自立精神立志创业，因为美国具备即使失败了也可以再重新挑战的大环境。

反之，日本比其他国家优秀的地方在于雇佣的稳定，日本不能放弃这一优点。这与股东资本主义

---

* 日本实行的一种捐款抵税制度。捐赠者向家乡或自治体捐赠后，通过相应手续申报，可获得所得税和居民税扣除。——译者

不同，后者经济景气就可以达到全面就业，经济不景气就会涌现很多失业者。日本在维持雇佣的稳定的同时还需要构建促进新挑战的结构，而这与有效活用1700兆日元的个人金融资产紧密相关。

日本今后的制造业

在股东资本主义和金融资本主义蔓延的美国已经没有可以将新技术作为下一个基干产业的中心力量。而日本在技术和知识产权领域中占有绝对优势，如果进一步对中长期研究给予支持，形成育成新产业的生态环境，就可以引领世界。

几乎所有后电脑时代的新技术都是知识产权。创造知识产权就是"21世纪的产品制造"，开发的公司和研究所就是"知识产权控股公司"，所在地可以是国外，研究人员和技术人员也没有必要住在日本国内。只要公司登记在日本，投资到该公司的资金做税收上的扣除就可以。这与将纸上公司（paper company）移到避税地区、逃脱税金的做法是截然相反的。

或许有人会担心这样的话产生的利润会被国外

夺走，这个担心是完全不必要的。将开发出来的知识产权产品化时，必然会产生相关设备的建设和雇佣。日本率先整备促进培养下一个基干产业的资本主义规则，就会吸引全世界最先进的运用知识产权技术、软件硬件融合的新制造业企业和进一步活用这些的服务业企业到日本来发展。

以投资减税促进日本的技术开发

吸引中长期投资新技术开发和培养基干产业需要改变税收制度。在现有的会计标准下，企业的投资被作为投资报表中的投资有价证券被计作资产。如果将其改革，在投资阶段将其作为"强制减损"，规定作为损失可以与当年的收益相抵。在这样的制度构造下，企业可以省税，会在赚钱的时候没有后顾之忧地投资。

核心技术开发的成功率并不高，这些投资也不一定都能很顺利地成功。但是，对公司有用的投资如果还可以享受税收的扣除，企业和个人投资家应该都会有兴趣。真正的技术革新是需要伴有风险的投资，如果能出成果就会有巨大的收益。

在公益资本主义的理念下，修改股东市场、会计制度、法律制度和税收制度等规则，构建新的投资架构，由此，就可以培养新时代的基干产业。而且也会吸引欧美大型化学生产商和医药生产商迁移到日本。在知识产权以外，还有很多如材料、电子学和生命科学等今后有发展潜力的领域。20世纪80年代硅谷的盛况在日本可以得到再现。

采取与至今为止的欧美股东资本主义和金融资本主义完全不同的手法，完成"产业立国"，成为让发达国家尊重的国家的同时，也成为让发展中国家需要的国家，这是我脑海中描绘的21世纪的日本。

第五章 公益资本主义的十二个要点

制定实现公益资本主义的规则

仅仅指出"美国式资本主义畸形"并不够,不能仅仅停留在批判上,还需要进一步具体提出取代美国式资本主义的具体内容,尤其是践行公益资本主义的规则。

向蒙受金融危机损失的金融机构注入公共资金、对银行业务加以限制、提高基金交易的透明性,这些头痛医头、脚痛医脚的方法无法改变世界经济的发展方向,时代要求新的资本主义取代股东资本主义。

公益资本主义并不仅仅只是"理想",而是具有充分可实践性的"具体的新规划"。在2009年日本能率协会组织的调查中,新任董事(执行董事)的80%都赞成公益资本主义。财团和企业经营管理层中也有公益资本主义潜在的支持基础。

在这一章中,我将阐述实现公益资本主义的具体规则。优先短期股东利益的税制、金融证券制度、国际会计标准、公司法、银行法和商法等现行的法律和商事习惯都将被改变,为中长期利益的实现和新产业的育成发挥作用。

规则1:"公司的公器性质"和"经营者责任"的明确化

作为大原则,有必要强调"公司,尤其是上市公司是社会的公器"这一定义。必须将"经营管理者和董事会对员工、顾客、客户、股东、地球环境等所有的公司伙伴成员都负有责任"这一条款明文化,构筑新的企业治理规则。由此,为恢复被股东资本主义歪曲了的"公司相关人员的平衡"准备前提条件。

为了提高持续性的公司价值,对以CEO为首的经营管理层的选拔和解任程序,以及前任最高管理者咨询委员、顾问等参与公司经营方式的规则进行改革。

规则2：中长期股东的优待

在现行的规则下，可能会发生以下情形。

村上基金和美国的激进派投资人，在财政年底的3月31日成为大股东，出席6月的股东大会，虽然正处于研发阶段，但却要"将收支不平衡的部分卖掉"，并要求"将企业内部留存作为500%的分红"。

在现行法下，这种投机者在短期内抛售股票，获得了巨大的利益。因此，必须改变优待短期持有股东的制度，封锁金钱游戏。如果不这样的话，无论怎样降低法人税，都无法促进设备投资和工资的增加。公司的利润或者被用作股东分红，或者被充作了为了提升股价而回购股票的资金。

作为对策，可以规定按照股东分红增加的比率来提高员工工资和内部保留收益。

而且，规定只有持股五年以上的股东才可以行使作为股东的权利。将五年以下的一时股东或短期的日内交易者（day trader）视为获得分红和资本收益等经济性利益分配的受益者。明确区分二者，只对支持中长期经营的股东给予原本作为股东应该享受的厚遇。

另外，也应该进一步活用"种类股票"。

丰田在2015年，在日本首次发行了"AA型种类股票"。这种股票设置了转让限制，在持有该股票五年之后，股东才可以将其转换为丰田的普通股，或者要求该公司以发行价回购。虽然是带有决议权的保本性质的股票，但该股票最初的分红低，以长期持有为前提，持有时间越长获利越大。

丰田解释，发行这种"AA型种类股票"的目的在于"实现持续性增长的竞争力""增加中长期眼光下的研究开发投资"和"促进中长期股东层的形成"。这正是为了获得国内中长期的个人股东，并给予其优待的优先股票。丰田章男社长也是公益资本主义的赞同者之一。

规则3：排除"一时股东"

由电脑和人工智能自动买卖的高频交易（HFT）

正在席卷证券市场。东京证券交易所的交易中，外国投资者的下单数目已经达到了70%，其中大部分都是HFT。HFT在1秒之内可以进行数万次交易，依靠股票报纸的消息以养老的资金来买卖的个人投资者是无法与之竞争的，用战争来做比喻的话，就是步兵和导弹的对抗。

欧美已经导入了相关规制，而日本金融厅最近终于开始探讨这个问题。必须通过对HFT加以规制或课以交易税等方式，来恢复证券市场健全的交易。

还有一个问题，就是特定的金融机构组成联盟，互相交易的"俱乐部交易（club deal）方式"。比如说，出现被称为"独角兽公司"的市价总额超过10亿美元的公司非上市股票时，并不将这些股票上市，而是将其在巨型基金之间流转。A基金将以市价1000亿日元购得的股票以1200亿日元的价格卖给B基金，如同倒卖土地一样倒手给下一个基金。虽然是不透明交易，但法律并没有禁止。

这种追求短期利益的以投机资金为中心的金融交易，就是零和博弈。不会产生任何新的财富和附加价值。虽然政治家和金融相关人士认为"没有投机资金流入的话股价就会下跌"，但投机资金只能扰乱股票市场，进而引发金融危机，其结果是进一步加剧贫富差距。

纽约和伦敦市场的制度设计最符合短期资金的利益。但是，如果看整体资金量的话，寻求中长期回报的资金有20%左右。对于这些看好中长期交易的投资者来说，这个世界上并不存在最适合其投资的市场。

如果不存在，那就新创。比如说，修改公司法，将五年以上持股的股东作为"与经营相关股东"，与"一时股东"明确区分。然后创设由"与经营相关的股东"组成的新股票市场，那这就会成为支持中长期研究开发企业的股票市场。

如果可以创设这样的股票市场的话，海内外都会涌现转移股票市场的公司。实际上，我问过美国大公司的经营管理者，很多人都说过"如果有那样的股票市场，我就从纽约转移到东京"。国内也是如此，必须长期稳定运用资金的生命保险和厌恶股市暴跌暴涨的金融机构都不在少数。

希望公司成长的股东成为主角这一制度设计非常重要。模仿纳斯达克（NASDAQ）的"JASDAQ"，只不过是重复乏味的市场复制而已，日本需要创设首个满足全世界中长期资金需要的市场。

规则4：根据持股期改变税率

为了创设以中长期持有股东为中心的市场，在买卖股票的时候，根据持有期间而改变资本收益的税率也很有效。对短期投资课以重税，对中长期投资减轻其税率。

现有制度下，投资者一律缴纳所得税加复兴特别所得税，再加上居民税，大约20%，但可以改为向追求短期利益的投机者多征收税金。即使在美国，如果是持有期间为一年以内的，买卖股票的资本收益课税最高为39.6%，日本可以采用和这个相同的税率，而且应该立即实施。虽然同是"美国标准"，但不可思议的是在这种重要的地方我们没有采用这一标准。我也向安倍首相直言了需要对高频交易加以限制，作为对策，不仅仅是现在的登记，还应该课以托宾税（Tobin Tax）这种金融交易税。关于这一点，我在2005年就任政府税调特别委员时就一直主张。

另一方面，对于长期资金，应该给予比现在更好的优待。对于持该股五年以上卖掉的，税率可以下降到5%，十年以上的就零课税。如此就可以进一步促进股东长期持股。

我想再次强调，应该考虑复活削弱投资者买卖意欲的1999年取消的托宾税。2008年的雷曼危机之后，越来越多的国家为抑制短期交易和确保税收征收金融交易税。巴西在2009年、法国在2012年、意大利在2013年分别引入了金融交易税。这些国家都是在征收金融交易税之后一段时间内交易量大幅减少，但之后就又得以恢复。

我在以前就一直呼吁：作为国家政策，应该在2020年之前将法人税、居民税、消费税、个人所得税、赠与税和继承税等所有都降低到发达国家的最低水准。2016年国家债务为1053兆日元，分摊到每一个国民差不多830万日元，在这种现状下，我的想法可能会被以为是痴人说梦，但事实并非如此。

当日本以基干产业引导世界的时候，会有大量获利企业缴纳的法人税。而且，尽力降低勤劳所得的所得税税率，提高不劳而获的资本收益课税，这样的税收设计可以做到不减少税收并维持整体税率在发达国家中的最低水准。

规则5：废除股票期权

要赶走股东资本主义，还必须废除给予CEO和董事股票期权的做法。

现在的美国，股票期权占了经营层报酬的大部分。经营管理层在获得以每股5美金的价格购买100万股的权利之后，股价上升到8美金的话，就会获得差额3美金×100万股=300万美金（约3亿3000万日元）的收入。

通常股票期权在其退任之后数十日以内不行使的话权利就会丧失，所以对于他们来说，在任期中如果股价没有提高的话就没有任何意义。

美国的CEO穿梭在各种公司之中，平均的任期极短。他们苦心经营于在短暂的任期内提升股价。股票期权的构造是促成这种状况的一个因素。

在股票未公开发售的时候，创业者分给经营管理层和员工股票，增强对公司的归属感，在这一点上，股票期权是非常有意义的制度。但是，股票公开发售后再分给经营管理层的话，这就引发经营管理层在股票期权的行使有效期间内无论如何也要维持高股价的动机,结果就变成为大股东的基金效力。如此一来,股票期权就和"基金对经营管理层的贿赂"相差无几。

但是,日本的股票期权在制度设计上是代替退休金的,和美国型的股票期权并不一样。

规则6:对新技术、新产业投资的税金扣除

要促成革新技术的产生,育成新产业,金融方面的支持也不可或缺,现在亟待完善"风险资本制度"。该制度目的是对新核心技术和基干产业进行持续性投资和支持,帮助其克服技术风险和市场风险,也是为了使投资者获得与其风险相符的回报。具体而言,该制度包含了以下内容。

针对企业,允许将风险投资在会计上计入"亏损金"项目中。由此,从节省税金的角度,促进企业在业绩良好、利润增长时的高风险投资。比如说,企业将相当于所得税10%金额的资金投入诱导多能干细胞(iPS细胞)等先进技术开发事业中的话,可以规定税金扣除,并规定每年扣除的总额上限,比

如说以一兆日元为上限等等。

针对个人，可以规定其交纳所得税的百分之多少为上限，在这个限度内，个人的风险投资金额可以作为税金扣除从所得税中减去。比如说，对于五年以上研究开发的投资，可以和捐赠扣除一样，从所得税中扣除。如果投资十万日元的话，就从所得税中减去同样的金额。投资顺利获得高回报的，可以在其兑换成现金的时候征收所得税和资本收益税。

如此，为了促进日本国内新核心技术和基干产业的产生，国家不仅仅要支持企业，还要完善相关制度来支持个人投资企业。

规则7：与股东优待同等程度支付员工奖金

惠普税后利润168%，公司将这些用作了股东分红和公司回购股票。此时，如果要将利润的168%返还给股东的话，可以在公司治理守则中规定将这部分的10%（16.8%）返利给员工。公司支付给员工的工资和奖金为税前金额，从中再缴纳预扣税款，剩下的才是实际到手的收入。如果公司税后利润100亿日元，分配给员工16.8亿日元，在这样的制度设计下，对于员工和非正式员工来说，这部分就是不用交税的奖金。从公司的角度而言，也只不过是将充作公司回购股票的现金的一部分分给员工，拿出现金的总额并不会改变。这也是实现公益资本主义所主张的在公司伙伴成员之间公平分配的办法。在利润增加的时候努力让员工富裕，这是公司经营管理层应该做的工作之一。

而且，这也有利于富裕层以外的人们的实质工资提高，可以缩小贫富差距，也是实现GDP 600兆日元的近道。要创造富裕的中间阶层、增加个人消费、增长GDP，除了提高工资以外没有其他方法。只把力气用在金融缓和方面，即使银行利息为零，也没有借钱消费的个人。因为如果处于"明年工资可能会减少""说不定会被裁员"这种不安的情形下，消费是不会增加的。应该将提高普通劳动者工资作为发展战略的核心列入国家目标之中。

规则8：以ROC取代ROE作为企业价值新标准

究竟应该用什么样的标尺来衡量"企业的价

值"呢？

现在，所有的税收制度、会计标准以及与公司治理相关的企业价值都是以ROE（净资产收益率）来衡量。但是，如前所述，只要收缩资本就可以提高数值的ROE本身就是畸形的。

虽然日本企业常常被批判为"ROE值低"，但ROE最多不过是"经营的结果"，却不是"经营的目的"。

近来很多人将ROE分解为ROS（销售利润率）、总资产周转率和财务杠杆三个要素讨论，由于在总资产周转率和财务杠杆方面，日本企业和欧美企业没有什么差距，所以就出现要求"日本企业提高ROS"的呼声。但是，考虑到包括转包这种在各层的利润分配和与之伴随的雇佣稳定的结构性功能，日本企业的ROS水准和欧美企业相较而言并非特别低下。所以，"通过提高ROS来提高ROE"的这一讨论本身就站不住脚。

2014年8月，在经济产业省主持下的"持续性发展的竞争力及其诱因：构筑企业和投资者良性关系"这一项目的报告书出台了，该报告又被称为"伊藤报告"。报告书中明确写道："应该让企业承诺至少提升8%的ROE。"某蔬菜供应商叹息道："我们这种行业，原本销售利润率就很低，ROS也好，ROE也好，提升起来都很困难。就算强制让我们把目标定在ROE 8%，事实上那也是无法做到的。"

在此导入符合公益资本主义理念的新指标就非常必要。

在联盟论坛基金会，我们提倡"ROC"（Return on Company）这一指标，这是为了在公司伙伴成员中公平分配利润的指标。

ROE也被翻译为"股东资本收益率"，衡量的是"企业为股东资本主义的贡献度"，与此不同，ROC衡量的是"对支持公司的公司伙伴成员全体的贡献度"。在公益资本主义中，"利润"的分配分别有：员工的"工资"和"教育""福利"、股东的"分红"和"股价提升"、顾客的"安全性"和"品质"、供应商的"以合适的价格购买"、地域社会的"贡献"，地球的"环境"以及公司自身的"内部收益留存"。这些都是公司的伙伴成员，因此是公平分配"利益"的对象。

流量中的价值标准是"分配公平性的分数"，用公司伙伴成员分配前的总利润来除以自己的资本算出，而存量中的价值标准为"持续性分数"。

将标准在实践中适用在上市公司的财务数据中

来看的话，ROC高的公司，数年后的ROE也呈现较高的倾向。从这个意义上来说，要长期提升ROE，提高ROC就可以做到。因为"公司是社会的公器"，ROC高度评价基于中长期经营的、对伙伴成员全体返还利润的公司，事实上，这些公司能在将来带来巨大的利润，在这个意义上，也可以将ROC理解为是"长远眼光下的ROE"。

如果完成衔接ROC和股价的投资理论的话，也会吸引投机者投资从事中长期经营和推行伙伴成员分配的企业。如是，中长期经营的公司就会增多，公司利润提高，最终在市场上获得一致好评。由此，始于日本的新资本主义=公益资本主义就会在一瞬间浸透到世界各地。

规则9：废除季度决算

季度决算的公开是没有必要的，这项制度应该废止，而重要的是要公开与公司中长期的愿景和事业计划相关的信息。

现在大家普遍认为季度决算理所当然，但原本采取季度决算是因为股东要求无论是一年还是半年"尽快出结果"。反映股东这一要求的就是ROE。ROE的信奉者无法进行长期性的经营，销售额和利润都必须每三个月就要有成果。

但是，有些行业会因为季节而产生业绩剧烈变动，这种行业每个季度都不停增长反而是不正常的。

现在美国的经营者们，配合季度决算，背地里做着被称为"合法的捏造"这种数字操作。即使是这个季度取得的订单，但如果算作这个季度，下个季度的销售额就会减少，于是就提前将这个订单算入下一个季度中。因此给顾客造成困扰也没有关系。为了会计上的便利而扭曲了本来的工作，这又到底是为了什么的决算？

现在日本规定了金融商品交易法的"季度报告书"和证券交易所的上市规定中的"季度决算报告"是企业的义务。如果废除这种规定的话，公司成本就可以降低，可以将节省下来的成本运用在产生附加价值的活动中，可以从目光短浅的经营判断和股价变动中解放出来。这也有助于日本率先向全世界展示"我国今后不允许短期的、投机的利益追求风潮"这一决心。

而我在内阁官房未来投资会议的结构改革彻底

推进会上,作为内阁参与,强烈表示了废止季度决算公开义务的主张。

要废止季度决算公开义务,我认为可以分为以下三个步骤:

①删除季度决算报告中的"业绩预测"这一栏。

②制度上改革如下:将现在并存的基于金融商品交易法的法定公开制度(有价证券登记簿、有价证券报告书、季度报告书等)和该法规定的适时公开制度的决算报告书进行统一,废除年度决算这种大费周章的决算报告。

③完善中长期愿景、企业理念、非财务信息等公开的相关制度。

规则10:废除独立董事制度

正如前文所述,在现行制度下,独立董事是站在股东立场上管理企业。也就是说,现在的独立董事制度逐渐沦为"守护股东利益的经营管理层在合法外衣下施行违反利益冲突行为的制度"。虽然在公司治理守则中已经明确了应该遵守的原则,但尤其是美国,治理运用的实际情况却并不如此,背离了

"公司是社会的公器"这一理念的事例屡见不鲜。

独立董事的职责是从"公司是社会的公器"这个观点出发,审视公司经营,并基于此给予建议和协助。为此,以下三点尤其重要。

首先,要看公司为了达成持续性发展的目标,是否做到了不仅仅只顾短期业绩,同时以中长期眼光在从事经营。

其次,公司为了从事中长期发展,能否果敢挑战有风险性的新事业。

最后,当公司发展壮大,产出利润的时候,能否在支持公司的各个伙伴成员之间公平分配利润。

我和已经对现状抱有危机意识的经营管理者们合作设立了"公益资本主义推进协议会",提倡培育具有独立性的人才。该协会将具备职业伦理、公平性、客观性和专业性等合格的人才送往各个企业担任外部独立董事。

规则11:审视市价会计原则和资产减值会计

在投资者看来,市价会计原则和资产减值会计是最好的规则。因为投资者对于股票也好、土地也好，都需要了解时下最新的价格。

但是，这对于花费时间从无到有生产产品的创业者来说，是最坏的规则。我自身也经历过很多次，技术开发如果用的时间过长，监察法人就会要求减损当初准备的资本。我无数次解释"现金"通过技术开发才能实现"从现金到有价值的知识产权"，但要让他们理解并接受非常艰难。

但是，会计标准是社会的规则，并不是国家可以干预的。

所以，我们要做的不是突然地去改变世界整体的规则，首先可以做的是考虑税金制度的改革。比如说，针对可以为人类和社会做出贡献的研发投资，大幅度减免其企业所得税。这就是产生新一代基干产业的"向生产方式倾斜的税制度"。通过这一制度，可以推进企业投资和新技术开发。

规则12：始于日本的新经济指标

一般而言，我们用GDP来衡量国家和地区的经济规模和经济发展。但是，GDP并不是绝对的。以建设道路为例，一种是用100亿日元建设高质量的可以用100年的道路,一种是将建设费用限定在1亿日元,每年再花1亿日元去维修的道路。这两种哪一种更加有利于经济成长呢?

按照重视数值的GDP的话,后者是不二的选择。便宜的、易坏的道路需要维修,维修需要费用;同时,交通事故的发生率也高,还会产生汽车的修理费和受伤者的治疗费。而如果使用可以用100年的高质量道路的话就不需要花费这些钱。那我们应该修哪种道路呢?

福岛核泄漏事故导致了巨大的经济损失。但另一方面,因应对措施和废弃反应堆等产生的巨额花销也在一定程度上抬高了日本的GDP。但是,可以由此认为这个核泄漏事故对日本经济做出了贡献,让日本人的生活富裕了吗?有一个概念叫"金字塔底层(BOP)经济",是欧美企业在发展中国家的贫困阶层市场中所使用的一种手法,即将巧克力等商品分装到塑料袋中,以贫困阶层也买得起的价格售卖。但是,原本过着循环性的、不太产生垃圾的生活的发展中国家人民开始产生大量塑料垃圾。食品生产商回收垃圾也没有利益产出,于是就将其捐赠给环境保护的NPO,由他们进行垃圾回收。消除垃圾的NPO受到表彰,为NPO这种环保行为提供资金支持的大企业也受到媒体的赞赏。但是,这其实只不过是欧美企业在发达国家的市场上处于瓶颈状态,因此想在人口众多的、有发展经济需求的发展中国家推广其商品而已。这种极度追求股东利益的欧美企业,在非洲和其他洲的发展中国家随处可见。

仅仅只依靠GDP这一指标,是无法对人类有利的发展做出衡量的。这和将国外的收入也一并计算的"国民总收入"(GNI)道理一样。因此,仅仅只提升GDP和GNI,并不是经济的目的。不丹的"国民幸福总值"(GNH)这种指标仅仅在人口少的国家才有效。

在现有的这种以钱生钱的金融系统下无论如何灵活变通,都不会产生附加价值,无法扩展实体经济。眼下需要的是能补充完善GDP和GNI的新经济指标。为此,我们正在研究构建符合公益资本主义的新指标。

第六章 公益资本主义的实践：成为制造业的天堂

为了实现可持续性发展战略，就需要技术革新，从无到有，育成新的制造业和服务业，增加雇佣岗位。

可以孕育技术革新的领域有很多，诸如信息通信、新材料、能源等。其中日本最具优越条件的就是尖端医疗领域。尤其是再生医疗和干细胞医疗，从基础研究到临床研究再到临床运用，日本的研究者和医生处于世界的领先地位。在这方面，日本有机会以新基干产业引领世界。

虽然基于公益资本主义推进技术革新的不仅限于尖端医疗领域，但需要在研发和实用化投入大量时间和金钱的尖端医疗与公益资本主义非常契合。而且，这可以对日益高龄化的日本，甚至全人类可以做出贡献，更何况，这也是日本现今在全世界范围内领先的领域。

至今为止，引领IT产业的是美国。苹果也好，谷歌也好，都是在美国诞生的企业，其产品和服务在全世界飞速扩展，改变了人们的生活。但是，现在美国的投资对中长期的研发并没有好处，如果他们将自己困在IT产业中，对其他技术革新不充分投资的话，那今后日本就可以在这个领域内成为引领者，填补美国不擅长领域的空缺，实现共同繁荣。

这一章主要以尖端医疗为例来探讨新技术开发和新基干产业的形态，也就是"公益资本主义的实践篇"。

基干产业随时代变迁

2015年左右为止的世界的基干产业是以电脑为中心的IT产业，而40年之前是钢铁产业，再40年前是纤维产业。也就是说，基干产业是随着时代不断变迁的。

笔者在2007年出版的《21世纪国富论》一书中预言了人们追捧IT，并不是使用其计算性能，而更多运用的是其对话功能,后来,智能手机的出现印证了这一论断。这一代的智能手机仍然还只是电脑型,我预想今后还会发生原理上的根本性变革。

在接下来的2015年到2040年间,生物和IT会进一步融合,可以想见在这个领域会孕育出新的基干产业。IT和生物的融合指的是:基于尖端医疗、ICT(与信息处理和通信相关的技术、产业、设备和服务的总称)、IOT(将所有事物连接的网络)的技术革新,形成以生命信息科学为主要内容的,从预防、诊断、治疗到恢复管理的完善体系。到2040年左右,以数字技术为中心的产品和开发方案会有进一步的发展,如果生命科学研究的发展确立了模拟控制技术,那接下来就能做到真正意义上的生物和IT的融合。这好比是制药公司生产半导体、电器公司生产药物的时代的到来。

在尖端医疗领域中,有很多日本人研究者已经有了显著的研究成果。尤其是在干细胞医疗领域中,京都大学的山中伸弥教授以iPS细胞的研究获得诺贝尔生理学和医学奖,而将该基础研究加以运用的各种相关研究也在日益推进。庆应大学的冈野荣之教授正在研究脊髓神经再生的临床应用。理化学研究所的高桥政代博士以网膜再生为课题，正在主攻老年性黄斑病变这一课题。东京大学的中内启光教授在推进干细胞控制项目。大阪大学的泽芳树教授的心肌膜技术已经被运用到实践中，以救助心脏功能不全的患者。像这样可以大书特书的成果有很多，这方面的研究，日本处于绝对领先的地位。

但是，要将这些尖端医疗的研究成果进行实用化并在全世界运用，还有很多工作需要完成。

为了将研究成果在全世界实用化和产业化，拥有联合国经济会理事会的特别协议资格的联盟论坛基金会联合日本政府，从2013年开始，每年都在旧金山召开以尖端医疗和产业开创为主题的论坛。除了日美欧的科学家、医生和投资人、制药等大型企业的负责人出席外，日本医生协会、日本学术振兴会、科学技术振兴机构的最高负责人也都从日本前来参加。富士胶片公司对美国生物投资的收购、山中教授和武田药品工业的共同研究的实现，都是以这个论坛为契机。2016年11月以"尖端医疗的产业化和战略"为主题，山中教授、泽教授、中内教授和高桥博士都登台做了演讲。

2016年3月，以"尖端医疗革命和国家战略特区：从日本解决世界的问题"为主题在兵库县的淡路岛召开了国际论坛，该论坛盛况空前。在日美两国之间，将"起事者"召集起来举办论坛，为各领域新基干产业的产生创造生态系统，这非常重要。

尖端医疗"国家战略特区"

假设你被医生宣告得了不治之症，还剩下一年的寿命。这个时候在你面前有一种新研发出来的药，然后被告知："这药对人的安全性有保障，在动物身上证明了其有效性，但是，对于人类是否有效尚未可知。"一般而言，这个时候你应该会想试一试这个药。如果有效更好，没有效也不会有害处的情形下，我们通常会选择尝试。

但是，这个愿望在现实中却无法达成。因为新开发的药物要获得在人类身上使用的许可，需要非常麻烦的手续和长久的时间。

新药研发领域实质上由美国引领。在美国，掌管许可的是食品药品监督管理局（FDA）。要将新药运用到实践中，在基础研究和临床前研究之后，还

第六章　公益资本主义的实践：成为制造业的天堂

需要经过以下三个阶段的临床试验。

①阶段Ⅰ：以小范围的健康人群为对象，明确其安全性和药物在体内如何变化和被排泄。

②阶段Ⅱ：以较少的患者为对象，测试有效性和安全性，决定恰当的使用量的试验。

③阶段Ⅲ：以大量的患者为对象，确认药物的有效性和安全性的比较试验。

新药在投入社会使用之前，需要很长的时间和1000亿日元以上的巨大费用。因此，实际上，只有大型制药公司才有能力开发新药。但是，美国的大型制药公司被股东资本主义所侵蚀，因担心承担巨大的负担而对新药开发畏首畏尾。被股东资本主义侵蚀的风险投资亦是如此。

因此，在美国，好不容易开发了新药，但因为无法筹集到足够进行第二和第三阶段临床试验的大量资金而破产的药品研发投资公司不下百家。不仅之前投入第一阶段试验中的巨额研究经费（包含税金）被白白浪费了，而且因为不能产业化，等待新药的患者也无法如愿以偿。

欧洲和日本基本也都采用同样的制度。申请新药许可手续复杂，是全世界医疗机构和患者面临的共同难题。

对此，我倡导在一定程度上缓和规制，即"在尖端医疗国家战略特区，对于已经证明了在动物和人身上的安全性并对动物的有效性的新药，给予其暂时性的许可，允许其售卖和使用"。在特区中，只有经过认证的医疗机构，可以同时进行治疗和临床试验，其具体内容如下。

①为了促使美国生物创新企业的集体性迁移，对通过FDA临床试验第一阶段、第二阶段的新药，附条件和期限给予提前许可，准许其进入市场。

②不过，仅限于在有充分业绩和丰富经验的尖端医疗中心使用，由临床研究的核心医院负责。

③在国内通过人类安全性和动物有效性确认的新药，也与此相同。

④和独立行政法人"医药品医疗器械综合机构（PMDA）"协同，对使用方法和副作用给予充分提醒。

⑤对于获得提前许可的新药、治疗方法和医疗器械，在其进入市场后，对接受过该治疗的所有患者实行追踪调查，确认其有效性和安全性。并在此基础上建设相关数据库，在预后管理体制完善后，

给予其正式许可。

在其他国家和地区的患者想使用但却无法获取，而到日本可以使用这种药的话，这对大多数患者来说都是福音，患者们会纷纷从国外赴日本的"尖端医疗国家战略特区"接受治疗。在再生医疗领域，2014年11月25日施行的药机法（对旧药事法的修改，正式名称为"关于确保医药品、医疗器械等的品质、有效性及安全性的法律"）在世界上率先制定了新规则。但是，在国家层面推进尖端医疗仅仅只靠药事法的修改是不够的，需要从研究开发到临床应用全面系统性地推进。

日本要灵活运用在尖端医疗领域的优势引领世界的关键在于技术开发、制度设计和人才培养。由"尖端医疗国家战略特区"全面实施这些具体项目。如此，只有特区才可以使用的药品和最先进的医疗必定会吸引全世界的研究者和疑难病症患者前来。患者人数增加，医治经验的数据和精确度也会提高，世界上有名的医药品生产商也会进入这个市场。如此，一方面可以提升日本的医疗技术、育成新产业、增设雇佣岗位、增加税收、削减岁出、吸引优秀海外公司的投资；另一方面，从国外来的访日人数的增加也会刺激经济的发展，这些各种各样的波及效果都是可以预见的。

我曾经和一位感叹美国新药许可过程漫长的新药开发公司人员半开玩笑地说道："给予特别允许让你来（日本）也行，但法人税增加5%"，结果对方回答："没问题，继续在美国公司就破产了，还是去日本吧。"

救助全世界的疑难病症患者

新药开发需要大量时间和资金这一现状给患有罕见疾病（疑难病症）的患者带来极大的不便。即使将新药实用化，但因为患者人数少，很难获利，所以制药公司并不热衷于此。而创设特区就可以解决这个问题。

我们来看看国家规定的罕见疾病和国内外患者的大致情况，由于不仅仅是日本国内，还包含国外，所以虽然说是"罕见疾病"，但患者人数也不少。

·排名1　溃疡性大肠炎——在大肠的黏膜产生糜烂和溃疡的炎症性患者：国内16万人，国外780万人。

第六章 公益资本主义的实践：成为制造业的天堂

・排名2　帕金森病——身体震颤和筋肉萎缩、姿势保持障碍等在运动机能方面出现症状的疾病：国内11万人，国外590万人。

・排名3　系统性红斑狼疮——从皮肤炎症到内脏疾病，出现各种症状的自身免疫系统疾病：国内6万人，国外325万人。

・排名4　克罗恩病——在大肠和小肠黏膜处引发慢性炎症和溃疡，病发原因不明：国内4万人，国外196万人。

・排名5　后纵韧带骨化症——椎管狭窄而压迫脊髓和从脊髓分支出来的神经根，导致感觉障碍和运动障碍等神经疾病：国内3万人，国外178万人。

国外的疑难疾病患者会为了寻求尖端医疗而来日本，一年中访日人数按照地区预估如下（假定患者、家人和医疗从业人员人数相同）。

・亚洲：罕见疾病患者人数2000万人。预估来日人数30万人。

・欧洲：罕见疾病患者人数360万人。预估来日人数21.6万人。

・北美：罕见疾病患者人数270万人。预估来日人数16.2万人。

・非洲：罕见疾病患者人数520万人。预估来日人数7.8万人。

・南美：罕见疾病患者人数190万人。预估来日人数5.7万人。

尖端医疗国家战略特区带来莫大的经济效果

DEFTA Partners在三井住友银行的协助下，在关西已有的某医疗科创国家战略特区中选取了22种罕见疾病，试算了给予其新药提前许可情形下的经济效果。与上文的一年中访日人数一并计算的话，单患者就有27万人，算上家属和医疗从业人员就是81.3万人，消费额约为2280亿日元。新设立的风险投资企业和从国内外转移过来的研究所的雇佣以1000家公司各300名员工来计算的话为30万人，经济效果达到2.1兆日元。设置特区带来的医疗费用削减效果为9760亿日元。归总算来，尖端医疗国家战略特区带给日本的经济效果一年就达到3.3兆日元（这还只是假设北美和欧洲患者的2%来日本寻访医疗的数字）。

据研究，现今正在探讨的在大阪湾岸地区开设赌场的预期经济效果为81亿日元至708亿日元（大阪商业大学商经学会《赌场开设的经济效果》）。申请2025年举办大阪万博会的经济效果是2.9兆日元（《申请讨论会报告书》），但是，其建设费和运营成本超过2000亿日元，而且举办期间仅半年。

相较而言，能治疗世界人们疑难病症的"尖端医疗国家战略特区"每年可以带来3.3兆日元的经济效果，预计给关西圈带来的经济效果为4950亿日元，占据日本经济15% GDP的关西圈税收和GDP可以再提升0.6%。

上述2014年11月施行的药机法使得本建议迈向实现的第一步。大阪府、大阪市、关西经济联合会、关西经济同友会、大阪商工会议等都一致协同向内阁府的国家战略特区担当大臣请愿，希望能早日实现这一建议。

如果这一建议在实践中成功的话，之后在北海道、东北、关东、中部、中国、四国和九州都可以设置以健康医疗为目的的国家战略特区。如此，全世界都会对日本抱有"在自己国家无法医治的伤病，去日本或许就能治好"这一希望。

总而言之，实现基于公益资本主义的"制造业的天堂"，不仅可以使日本经济繁荣，也可以为全世界做出贡献。

第七章 会谈：如何实现GDP 600兆日元

原丈人、藤井聪*

藤井 我是最近才将原先生您的名字、样子和主张三者统一对上号，在新干线上，读到Wedge这一经营杂志的公益资本主义特集，上面写着批判ROE至上主义。拜读之后，觉得"说得非常有道理，正是一言中的"。

我在大学执教，并且也在国土规划和城市规划这种公共部门中活动，我这样的立场使得我无论怎么呼吁也无济于事，我相信在经济中心活动的原丈人先生您的呼吁一定会改变日本的走向。

---

* 藤井聪，1968年生。京都大学研究生院工学研究科教授（参与和国土计划等公共政策相关的实践性人文社会科学）。内阁官房参与。

原 我一直坚持我的主张，至今为止，我兴办过很多企业，在这个过程中愈发认为上市并不是正确的做法。比如说，仅次于微软的Borland公司（现在的Micro Focus公司）这一IT公司在伦敦上市，之后又在纳斯达克上市，但90年代后半，在对冲基金加入之后公司就解体了，因为比起收购公司来经营，分割出售可以让股东获益更高。

股东的利益比持续经营活动从事新的研究开发、制造新产品增加员工雇佣这种社会贡献的价值更优先。我强烈认识到其不合理，于是，大约从2000年开始，我就提出公益资本主义这个信念。

"日本式经营"为时代所抛弃？

藤井 原先生所言的公益资本主义思想，我认为这在传统日本企业来看，是一种理所当然的思想，就好像呼吸空气一样，并不需要公司管理人员特意去教导属下，这是在我们国家长久以来形成的理所当然的氛围。一定要给它一个名字的话就是"日本式经营"，是曾经席卷全球的褒义性词汇。但是在泡沫经济破灭的90年代以后，日本人完全丧失了自信，将日本式经营视为蛇蝎而厌恶的风气高涨，公益资本主义哲学在这个国家日渐消失。

原 藤井先生总是把话说得很通透。按照英美的股东资本主义的标尺，日本的优秀企业全部都是失败的企业。这就好比将右侧通行的规则突然变为左侧通行，日本人还没来得及反应而都走右侧，于是日本就成为违反交通规则最多的国家，其中的道理是一样的。

公益资本主义的三原则是公司伙伴成员之间的分配、中长期的投资和基于企业家精神的不断改革进取。因为这三点正是日本式经营共同的要素，所以我们不应该丢失我们引以为傲的部分。

藤井 公益资本主义和风险资本主义的概念，符合资本主义和股票市场的原本的想法。股票原本是为有想法但没有资金而无法将其实现的人筹集资金用而发明的，"对于要5到10年才有端倪，甚至可能还会花20年的想法，大家一起考虑是否出钱"这种靠人类理性对金钱进行再分配。但是，不具备这种判断力的人占领了股票市场，驱逐了健全的资本主义和风险资本主义……

原 就是变成了金钱游戏。

倡导ROE的"伊藤报告"之弊病

藤井 金钱这个东西本身没有问题，有问题的是对待金钱的态度。资本家如果只追求金钱的积累，那就会变成现在这样一方面贫富差距日渐加剧，而另一方面有钱人的资产又像滚雪球一样变得更多。如果这种情形继续下去的话，那股市也就没有存在的必要了。

原先生彻底批判的ROE，虽然是"净资产收益率"，但企业不能只依靠股票来筹集资金。因为需要结合金融资产和银行贷款来开展经营活动，所以应该以总资产收益率ROA（Return on Total Assets）来衡量企业的业绩。

原 ROA包含财务安全方面的信息，是健康的指标。ROE越大，股东的返利越高，所以备受关注，但它与企业将来的发展、经营的持续和财务的健全完全没有关系。

藤井 更为恰当的尺度是要衡量相对金融资产的公司房产、厂房资产产生的收益。即"相对净金融负债的收益率"（RoNFO），如果用这个指标的话就可以看到日本企业的高收益体质。也就是说，日本企业用有限的资产进行着极高效率的生产，在"惜物之心"之中，从能看到的实物中生产制造，这是日本的文化，现在这个文化仍然深植于日本社会，推动着日本的生产制造。尽管如此，如果继续仅偏重ROE的话，这个传统就会从根底被消耗。

原 但是政府却过于将ROE美化，打算用这个作为标准。2014年8月出台的"伊藤报告"就反映了这个问题。这是以一桥大学研究生院商学研究科的伊藤邦雄教授为主导的经济产业省"持续性发展的竞争力及其诱因：构筑企业和投资者的良性关系"项目的成果报告书。

藤井 报告中写道："将ROE作为实际的经营指标可以产生巨大的刺激效果，有必要推行以中长期ROE提升为目标的'日本式ROE经营'。超出'资本成本'的公司是创造价值的公司，其水准虽然各异，但要为全球投资人认可的话，需要以超过8%的ROE为最低水平线，并以更高的水准为目标。"

原 日本从明治时代开始，经过昭和初期，到现在都有服从大本营命令这样一种风气。

藤井 经济产业省宣言："应该对现今这种效率低的日本企业进行改革"，并在此基础上引入美国的

ROE至上主义，看上去打算推动优待股东的政策。或许没有这种"意图"，但现实中大多数的日本经营者是如此理解的。

原 彻底追求股东资本主义的话，就会演变成金融资本主义。如果日本被卷入金融资本主义的话，那在日本的金融市场，日本民间所存储的资金就会全部被以巨大资金为其原始资金进行零和博弈的海外势力席卷。对于这一现实，日本的决策者为何没有意识到？金融厅和经济产业省说现在日本股市中交易的70%都是外国投资者，因此让日本的企业也引入欧美的公司治理，但这个就好比对美国和英国的金融资本主义者说："请带走我们国家的资产。"这就好比鸭子背着葱来*，自己把脑袋伸出来让人宰割。

我在2003年的《读卖新闻》中强硬地表达了如下主张："美国的优秀企业全部都有可能破产""其理由就在于构成公司治理基干的'公司属于股东'这一错误的观点"。那个时候，我对日本的情况还很

---

* 日本谚语，指做鸭肉火锅时，不但有了鸭子，连葱都由鸭子背来了。比喻做事毫不费力就万事俱备。——译者

自豪，而现在日本和2003年我当时批判的美国一样，这就使我很担心日本的将来。

藤井 美国从产品制造业国家转变为服务业国家，继而从服务业国家转变为金融经济主体国家，为了让他们的企业赚钱而不停地改变规则。日本经济即使弱小、衰退，但仍然以产品制造为中心，那种为了给股东分钱而提高收益的哲学，在日本原本就没有生长的土壤。

股东资本主义就是帝国主义

原 反对独立董事的公司现在也至少引入了一名独立董事，这或许是遵守或解释（comply or explain）原则在发挥作用。

藤井 独立董事常常被指责，质疑其行为是不是为了给该企业灌输股东资本主义。

原 是的。所以，如果不是有利于股东的话全部都不行。有利于员工，但是不利于股东不行；有利于公司但不利于股东的话不行；有利于顾客但不利于股东的话不行。甚至连追求安全性也取决于是否违反股东利益。

藤井 "股东资本主义"中的企业，仅仅只是产生利益的工具，和帝国主义中的殖民地相同。榨取支配殖民地利益的构造合法套用在公司领域，这就是股东资本主义。股东资本主义性质的独立董事，最差的情况下，是为了监督奴隶是否有好好干活。

原 从我自己担任美国、英国和以色列公司的独立董事和会长的经历来看，设置独立董事是为了向外界展示自己合规和遵守公司治理。因为在诉讼社会中，必须防范被起诉。在审判中，独立董事仅仅就是证明"经营管理层没有恣意进行经营判断，都是客观决定"这一事实的证据。

藤井 公益资本主义尊重人的多样性和多重性。而人的多样性就是自由主义。在一个人身上，会有悲有喜、有生产有消耗、有重视家庭等各种多样性，所以不要将公司当作赚钱的工具，而是具有多面性的组织、多面性的共同体。公益资本主义注重丰富性，可以看作是"大家共同的资本主义"。不是只向股东分配企业产生的价值，而是与社会、将来的人们、其他地方的人，这些社会全体共同分配。

原 在大国将自己的文化和习惯、法律、教育和会计制度强加给其他国家这一点上，股东资本主义和全球主义是互为表里的。但现实是：因为大国丧失了经济实力和军事实力，全球主义终结，最后留下来的美国现在也步入衰退。

公益资本主义的潮流已经开始

藤井 换句话说，全球主义的推行就是为了方便欧美某些资本家们在世界中搜刮财富。全球主义陷入困境的原因众多，但最根本的在于：如果过于机械和墨守成规地去理解具有多样性的人类和社会，这一风潮就会土崩瓦解。20世纪末已经处于饱和状态的全球主义在21世纪会自然地演变为国际主义，全球主义是用一个哲学思考方式去支配世界，而国际主义是和多样的国家构筑合作关系，齐心协力运营国际社会的。

全球主义崩坏就会自然转向国际主义。其表现就是英国脱欧和特朗普当选总统。之后，民族主义发展，在人和人、国家和国家之间构建合作关系的话，必然会走向国际主义。这种与各种国家和谐相处的想法，是公益资本主义的基本思想，即"大家共同的资本主义"。如果没有这种精神，在全球主义之后，就只有对立，而公益资本主义能为防止对立发挥作用。

日本目标锁定"制造天堂"

藤井 具体而言，日本应该怎么做？我记得以前和原先生您曾经提过一个很不错的想法。被股东资本主义荼毒的美国和欧盟各国中，也有从事制造行业的公司，当然也有想在中长期投资的基础下扩展业务的公司。他们在股东资本主义中生存，其业务开展肯定会日渐困难，内心不满。正如有"避税天堂"，日本可以成为"制造天堂"。

吸引世界各地从事制造的企业，给予其税金方面的优待，在发达国家中率先构建不优待股东资本主义者的经济体系的话，那在对欧美方面就可以获得绝对优势。其后，这种优势又会随着全世界演变为公益资本主义之时而消灭。虽然到那个时候我们失去了这一优势，赚不了钱（笑），但那个时候就达成了从日本改变世界这一目的。

原 "制造天堂"这个名字我之前没有想到过，不过我担任2005年政府税制调查会成员的时候，曾经提出过和藤井先生您说的这一建议，然后也提议了针对用超级计算机和人工智能进行的高频交易引入"国际投机交易税"。虽然只是百分之零点零几的税率，但是如果几万次的交易，也会是一笔大的金额。我想这对抑制超高频交易会有一定的作用。但是，这个提议成为"栏外特记事项"*。（笑）

2013年我成为内阁府参与，担任了经济财政咨问会议"关于目标市场经济体系的专门调查会"的会长代理。会长是三菱化学控股股份公司社长（现任会长），安倍首相和当时的甘利大臣称我们为"原委员会"。委员会也提出了上述的意见，认为首先有必要控制投机资金。但是也有意见认为，如果按照我的提议行事，投资就会减少，股价会下跌（笑）。但实际上，却没有事例表明引入交易税会对股价产生大的影响。

藤井 对于高频交易，欧美已经设置了相关规制制度，但是日本直到2016年才开始对此进行讨论。

还有很重要的一点就是针对资本收益的税制。买卖股票所得的税金，日本在之前一律为10%。作

---

* 备考，即没有被采纳。——译者

为股价策略从2003年开始降到10%以下。最近提升为20%，结果对股价也没有任何影响。降低税金没有任何的意义。

但是，在美国，对于一年以内的股票买卖的资本收益课税最多的为39.6%+地方政府税。根据年限区分从而抑制过多的投机这一精神，即使在美国也发挥着作用。日本因为没有相应的措施，结果就变成了投机资金的天堂。日本至少要征收和美国相同程度的税金，对于股利收入也就是分红也应该课税。

原 股票分红扣税也应该根据股票的持有期间来确定，持有期间越长的税率越低。另外，关于股东的出资，创始股东非常难能可贵。在公司设立时的出资与上市后买卖股票的人的资金的分量是不同的，因为上市后的股东基本都是金钱游戏者。

但是，制造和研究开发需要的是以10年、20年为单位计算的长期时间。所以股票的分红也可以相应地以递进的方式进行——比如第一年10日元，第二年20日元，十年100日元，对长期支持的股东给予更大回报，这可以交给企业自由裁量进行。2005年的税调中，我也是如此主张，但是，这个提议被否决了（笑）。

资本主义的形态为制度和规则所左右。股东资本主义和金融资本主义和以英美为中心的全球主义，是在金融规制的缓和下产生的。换言之，通过调整制度和规则，可以将资本主义导向健全的方向。因此，制度设计极为重要。

并不是所有的规制都会阻碍经济的活力，没有某些规制反而会使得经济丧失活力。也就是说，并不是"规制缓和=善"，既有必须缓和规制的部分，也有需要强化规制的地方。

政府的作用

原 在这个意义上来说，正确的制度设计和公司治理守则的制定有助于日本向投资者传达欢迎的态度，而这正是政府的作用。

民间企业如果想以新的技术革新在将来产出收益，就算有风险也应该投资，但近来的经营者却不承担这个风险。80年代的风险投资，是从一无所有开始出资来赌定某个创业想法，从初具雏形迈向实用化。而此间产品还在生产中，销售额为零。因为只做研发，累计赤字日益增加。最后终于初具雏形，可以开始销售，但因为花销更大，所以仍然是赤字。然后在后面某个阶段开始，利润才开始大幅度超过花销，企业急速成长。从零开始到这个阶段，正是风险投资的意义所在，虽然很辛苦（笑）。

话说回来，藤井先生您正在给政府和执政党的相关人士提出具体的建议吧。

藤井 政府所提出的实现GDP 600兆日元的目标，我们的年收在2015年平均为414万日元，也就是要达到年平均收入的约1.2倍，计算下来每个人增加80万日元。我提议在2020年左右实现。我最近的著作书名就是《将国民所得提高80万日元的经济政策》（《国民所得を80万円増やす経済政策》，晶文社出版），在其中我建议了为达到该目标的具体方法，并向安倍首相和菅义伟官房长官提出了以下5点建议。

①延期执行2017年的消费税上调。这个在2016年6月为安倍首相采纳。

②再次宣布作为财政政策根本的"所得目标政策"。GDP 600兆日元这一目标，并不是依据日银通货膨胀目标制定的政策，应该以政府为主体，向国民明确表明为达成该目标的具体财政政策。

③宣布彻底摆脱通货紧缩才是最重要的"健全财政的政策"。通货紧缩使得GDP缩小和税收减少,是财政危机的原因,所以如果能实现摆脱通货紧缩的话,财政自然就会走向健全。

④以三年以内"完全摆脱通货紧缩"为目标,以期达成"有规律的财政扩大"。为了确保快速摆脱,以三年为限扩张财政,最开始的规模设定为15兆日元到20兆日元。

⑤摆脱通货紧缩之后,争取实现"折中性财政运营"。既不是紧缩也不是扩张,如果坚持将上一年税收增加部分全额支出的原则的话,日本经济会得到切实发展。

我所期望的最终目标不是日本GDP的增长,而是国民年收所得切实地提升。大致上就是池田勇人总理所主导的所得倍增计划的21世纪初版本。因为池田总理的时代并不是以资本家赚钱为目标,而是以国民年收所得提升为目标。

把日本经济比作摩托车引擎的话,发动引擎需要踩启动杆。如果踩下三年内扩张财政这个启动杆的话,引擎就会轰轰作响开始发动。政府有必要为了公益而扩大债务,支持经济以使得民间可以开展投资，这是我最想说的。

原 在公益资本主义的理念下，财政政策和发展战略就是摩托车的两个车轮。

藤井 财政政策和发展战略最大的不同就在于发展战略的最终主人公是企业，所以即使改变架构，但是否立即如此运转是值得考虑的问题。企业的主体性决定总会有滞后的情形出现，但是，国家的财政政策是可以立即实行的。政府在2016年8月制定了28兆日元规模的经济对策，其中直接从政府支出的部分在12个月以内全部切实执行，可以做到不依赖他人、最有效地投入资金。所以在紧急情形下，不采取财政政策这一手段来考虑刺激经济、恢复经济景气是明显不合理的。

原 关于财政的景气刺激政策，如果按照公益资本主义的做法可以很好地推行，否则就会误入歧途而导致失败。

安倍首相上任时，委托我思考"富庶国家的资本主义"这一思想核心内容的建构。于是，我们在2013年经济财政咨问会议专门调查会中的"目标市场经济体系"报告书中强调了中长期资金的必要性。并且也写明了：将经营企业的人和资金资源进行短期、中期和长期的分配，以期实现经营的持续性。这里的短期是指5年以内，中期则为5—10年，长期指10年以上。

不过，如果从外国的视角来看，夏普被中国台湾地区的鸿海精密工业收购一事，则不得不说日本大企业的经营者太不敢承担风险了。明明企业内部存留收益充分，只是一味地存储起来结果导致资金贬值。我认为，所谓的企业经营者，在主体不会坍塌的前提下，应该将剩余的资金全部顶着风险投入下一个挑战中，这也是我公司的做法。

藤井 公司通过将赚取的资金用在员工工资和投资中，一方面GDP会增加，同时工资的增长也会带动消费的扩大，如此，投资和消费都会提升，并且，公司的收入也会增加。公司的收入增加的话，投资、工资和消费又会再提升。这一安倍经济的良好循环必须尽快运转起来，一旦进入正轨，ROA也好，RoNFO也好，甚至ROE也都会提升。也就是说，ROE不是"目标"，而是"结果"。

我常常旁听经济财政咨问会议，上述探讨正是会议最为关注的核心内容。原先生您的这个提议现在正在咨问会议中被认真、激烈地讨论。

GDP 600兆日元和调整贫富差距的同时实现

原 今后必须树立以实体经济为主、金钱经济为辅的资本主义。但是英美被"股东资本主义""金融资本主义"毒害,迷失了金融和资本主义原本的样子。在这种情形下,日本应该成为全世界创制新金融、新资本主义的模范。

在美国式股东资本主义下,可以获益的只有股东及其手下的经营管理层。贫困阶层增加,社会两极分化,产生贫富差距巨大的不平等社会。

对此必须有新的制度构架,在新制度下,股东如果提出分红要求的话,对员工也同样返还更多的收益。在将资金用在公司回购股票的时候,按一定比例以奖金的形式发给员工也是一个办法。通常,公司发给员工的工资和奖金是税前发放,如果将这个变为税后发放的话,那员工就不用再交所得税。如果到手的金额增加的话,就会刺激消费。

消费增加的话,GDP就会提升。GDP简单计算的话,就是所有国民收入的总和。也就是说,工资提高20%的话,500兆日元的GDP就变成了600兆日元。日本政府制定的目标是"实现GDP 600日元",这并非不可能。将分配给员工的收益提高30%是实现这一目标最便捷的方法。希望更多的政治家早日意识到这一同时可以恢复日本经济和调整社会贫富差距的方法(公益资本主义)。

结　语

经济创造文化、技术创造政治，但是人类的本质却不会改变。

今后世界的人口会进一步增长，预计会以发展中国家为中心增加30亿左右。地球上所有的人们都希望过上和平富足的生活，为了实现这样的世界，需要对经济进行结构性改革，资本主义本身也会被新的框架所取代。

但是，现在，资本主义仍然会持续下去，这一点毋庸置疑。因此，不能停留于对理想的规划，首先现实地改变当下非常重要。我相信本书所论之"公益资本主义"可以成为这个变革的原动力。

在实际的经营中实现"公益资本主义"，有以下三个要点。

第一，要让企业持续性发展并为社会做出贡献，就必须以中长期的眼光规划其经营活动。

第二，为了实现企业的持续性发展，必须果敢地面对风险，挑战新事业。

只是重复相同经营活动的话，企业无法存续。企业中时刻需要"企业家精神"这一挑战精神。如今公司的规模日益扩大，生存期更长，但这一点也绝不会改变。

第三，公司的收益必须在公司的"伙伴成员"中公平分配。

自由阔达地开创新事业、提高收益使得公司职员生活富足、为社会做出贡献，这是公司重要的使命。而且为了公司的发展，为未来投资而恰当地积蓄内部留存收益也非常重要。虽然有股东反对内部留存收益，但从留存收益中去投资企业的未来，是为下一个事业筑下基础，最终从这里会产生收益，在结果上也是有益于股东的。

坚守"公司属于股东"、股东意图将自己利益最大化而驱动公司的美国式经营的时代正在终结。不久的将来一定会发生重大的范式转换，"公司是社会的公器"这一想法会成为"这个时代的常识"。

如果将世界中的"国家"和"公司"不作区分，作为独立的个体统一来比较其经济规模的话，现在排名靠前的接近一半都是民间企业。联合国成员国196个国家,只有50多个国家进入前100名。这种倾向还在日益增强,而另一方面,比国家还富有的民间企业的数目今后也会增加。在这种情形下,只优待股东,则会进一步加剧贫富差距。

信仰"公司属于股东"的投资者们,会追求尽量在短时间内获得相同金额的利益。如此,谋求短期经营活动周期的倾向愈加严重,比起需要长时间的研究开发事业,美国的金融基金更推崇这种投机性活动。而瞄准短期成果的投资破产清算企业基金这种投机主义者夺取了支撑实体经济的企业经长期努力累积下来的财富。没有比这个"效率"更高的经营模式了,而且还是"合法的"。但是,大多数人应该都会同意这种经营模式并不合理。

这和以前贩卖奴隶的商人没有差别。

英国的奴隶商人发明了"合法的""了不起的经营模式",并通过这种经营获得了庞大的利益。从英国将玻璃球和武器带到非洲,从非洲将黑人贩卖到美国,再从美国载满谷物和棉回到英国,这被称为"三角贸易",是当时"最尖端的高收益经营模式"。

现在,人身买卖已经成为"非法的",无论其利润多高，也不再是"可以炫耀的经营活动"，但以前并非如此。如果去到奴隶贸易商大本营的利物浦，就可以对当时他们如何炫耀自己的经营活动一目了然，被铐起来的黑人奴隶浮雕现在还装饰在象征着昔日辉煌的建筑后方。

极端的投机主义者和以超大规模操控投机性金融，现在虽然是"合法的"，但总有一天会和奴隶商人面临同样的命运。为了不在历史上留下污点，也需要对经营理念进行再审视。

在证券金融市场，如果投机性的交易占据了多半的量，市场就会过热，产生泡沫，金融成为零和博弈，就会催化贫富的两极分化。泡沫一定会破裂，那时中间阶层就会落入贫困阶层，富裕阶层更加富有，产生超富裕阶层。

以超大规模进行投机活动的英美对冲基金和为他们提供资金的超富裕阶层，将发展中国家的货币买空卖空，使其价值暴跌，通过让该国国民落入贫困底层来获得巨大的财富。而且，仅仅将这些巨大财富中很小的一部分捐献给国际机构、大学和NPO，从而获得荣誉奖章和证书。

这是由超级富裕阶层自导自演的闹剧，世界中的普通国民对这种情形避之不及,对"以人类的平等为目的的民主主义已经不发挥作用"表示出失望。

在20世纪90年代开始的金融规制的自由化之下,掌握超过一个国家经济规模的巨大资金的投机者利用ICT技术(信息通信技术),可以瞬间超越国界跋扈而为,结果,发达国家的中间阶层剧烈减少。

民主主义要发挥其功能,中间阶层不可或缺,中间阶层的没落使得今天民主主义无法正常发挥其功能。

即使在作为"民主主义国家"代名词的英国和美国,以前的中间阶层现在也日益贫困。于是,有投票权的选举人们的投票标准就从"将来的事"变为"今天和明天的事",从"建设性的朝前看的意见"变成"对现状的不满"。英国脱欧的国民投票和美国总统选举都是这种市民不满和愤怒的表现。

或许,大家在看到这本著作的时候,日本政府已经确定删除"书写季度决算报告中业绩预测"的方针了吧。我在2005年就任财务省参与、之后就任内阁府参与以来,一直主张要"纠正企业经营中的短期主义",终于要迈出实现的第一步了。

日本大约有3500个上市公司,全部都可以从每个季度预测业绩的义务中解放出来。不仅仅可以节省季度决算的费用和时间，也可以将经营者和中间管理层的经营理念从短期主义的束缚中解放出来。

废除季度决算而带来的成本节约的部分如果可以分配到员工工资中的话，转化为个人消费，GDP由此也可以提高。同时劳动时间和加班时间的减少，也有助于"工作方法改革"。

季度的业绩预测对于实体经济没有任何的意义。因为要求公司每季度都保证收益，最终会导致原本能够给公司带来收益的中长期投资的重要性被忽视。并且，对于以一年为单位的经营计划也会带来不好的影响。并且流通、建设、铁道等是随季节变动的行业，在这些行业中要达成每季度的销售额和利润的增加，只能通过财务上的操作来完成。

从"信息公开"的观点来看，季度决算的公开也不值得推荐。即使在"合法范围"，仅仅只是为了季度决算进行财务调整、损益调整、销售额调整等"财务上的调整"的话，都会成为"违法会计行为"的温床。发生违法行为的东芝，从其电脑部门的营业利益的变动来看，也是在进行决算的季度的最后一个月作假提高。也就是说，季度决算这一制度成了促发财务造假的要因。

除了要废除季度决算，还有必要制定早稻田大学的上村达男教授提倡的《公开公司法》。

《公开公司法》在国外是被大家广泛接受的法律制度，而现行的日本的企业相关的法律体系中，《公司法》和《金融商品交易法》并存，滋生混乱。

适用《金融商品交易法》的公司，和《公司法》重复的部分优先适用《金融商品交易法》，施行"公开公司法"应该是最好的解决方案。

《公开公司法》的制定，正如第一次安倍内阁的经济财政咨问会议的"金融资本市场工作群体报告"第7页所示，早在2007年就已经被定为重要的课题。

2000年11月21日公开发表的经团连的公司治理委员会（御手洗富士夫委员长）的"关于日本公开公司中的公司治理的相关论点整理（前期报告）"中也探讨了《公开公司法》（暂拟）的立法化（同12页）。

可见，《公开公司法》的制定早在十几年前就开始被讨论，应该尽快开始具体操作，日本在这一领域中严重落伍，至少应该和外国进行相同水准的法律制度完善。

但是，从现在来看，实现这一立法还有距离。首先，"季度决算公开义务的废除"是其重要的第一步。具体而言，可以分为以下三个步骤。

①删除季度决算报告中的"业绩预测"项目的制度改革。

②删除基于现在并存的金融商品交易法的法定公开制度（有价证券登记、有价证券报告、季度报告等）中的年度决算这种大规模的决算报告的制度改革（股票公开公司从每年八次公开义务改革为四次）。

③完善公开企业中长期的愿景、企业理念、非财务信息的体制。

经过这三个阶段，以"10年后、20年后的未来的事业愿景"这种"非财务信息公开"取代"每季度的业绩预测"，加以扩充，全面废除季度决算公开义务，这样日本就可以引领世界的潮流。

用来衡量企业价值的ROC（参照第五章）的投资信托，在2017年内应该也可以开始运用。

正如本书序中所述，在2016年12月的国会答辩中，安倍首相也将公益资本主义作为"适合日本的资本主义存在形式"而有所言及。

2017年1月17日,瑞士达沃斯论坛开幕当天以"反思资本主义"为主题的这部分会议谈论中,对于"世界前8名的富豪保有的财富和占全世界一半人口的36亿人的财富总额相同,对于这一现在的资本主义的存在形态必须进行反思"这一议题,日本的代表山本幸三内阁府特命担当大臣回答了:"解决这个问题的办法就是公益资本主义",而欧美的领导者们,也纷纷赞扬日本提出了这一建设性的意见。

另外,"世界伊斯兰经济论坛""太平洋岛屿国首脑暨经济论坛""非洲首脑暨经济论坛"中也都出现了公益资本主义的身影。

从东芝之前的惨状来看,仅仅只是从形式上将英美式的公司治理导入日本并不能达成"健全的公司经营"。在不发达国家中,即使在比日本经济发展缓慢很多的孟加拉国,个人最多只能担任三个公司的独立董事,并且不得超过两个任期。如果要在公司治理守则中注入灵魂的话,日本至少也应该制定像孟加拉国这样的规范。

东芝很早就转型为"设置提名委员会等公司",被称为"公司治理的优等生"。但是,以股东利益最大化为前提,股价和给予股东的总返还率就成为了优先事项。这一旦成为固定模式的话，那就会演变为允许经营管理层为了制造利润提升的假象甚至不惜违法。如果从"公司属于股东"这个观点出发的话，现在的英美式公司治理守则并不能阻止这种违法行为的发生。摒弃"公司属于股东"这一观点，代之以"公司是社会公器"，由此日本才能开拓属于自己的真正的公司治理守则。

让我们向世界振臂疾呼"公益资本主义"这一新的经济规则吧。当"公益资本主义"走上实现轨道的破晓之时，我们再来看看以"公益民主主义"为名的"新的民主主义形式"。

原　丈人
于孟加拉国达卡市

图书在版编目（CIP）数据

"公益"资本主义：英美资本主义的终结 /（日）原丈人著；何勤华，魏敏译 . —北京：商务印书馆，2023
ISBN 978-7-100-20751-5

Ⅰ. ①公⋯ Ⅱ. ①原⋯ ②何⋯③魏⋯ Ⅲ. ①资本主义—研究 Ⅳ. ① D091.5

中国版本图书馆CIP数据核字（2022）第028147号

权利保留，侵权必究。

"公益"资本主义
——英美资本主义的终结

〔日〕原 丈人 著
何勤华 魏 敏 译

商 务 印 书 馆 出 版
（北京王府井大街36号 邮政编码100710）
商 务 印 书 馆 发 行
北京中科印刷有限公司印刷
ISBN 978 - 7 - 100 - 20751 - 5

2023年7月第1版　开本 787×1092　1/32
2023年7月北京第1次印刷　印张 7¼

定价：58.00元